JAMES CAMERONS
AVATAR

MARIA WILHELM | DIRK MATHISON

JAMES CAMERONS

AVATAR

DER SURVIVAL-GUIDE FÜR PANDORA

MARIA WILHELM | DIRK MATHISON

ÜBERSETZUNG AUS DEM AMERIKANISCHEN
VON KARLHEINZ DÜRR UND HELMUT DIERLAMM

Bibliografische Information der Deutschen Nationalbibliothek:
Die Deutsche Nationalbibliothek verzeichnet diese Publikation in der Deutschen Nationalbibliografie.
Detaillierte bibliografische Daten sind im Internet über http://dnb.d-nb.de abrufbar.

Für Fragen und Anregungen:
avatar@rivaverlag.de

1. Auflage 2010

© 2010 by riva Verlag, ein Imprint der FinanzBuch Verlag GmbH, München,
Nymphenburger Straße 86
D-80636 München
Tel.: 089 651285-0
Fax: 089 652096

.

Die amerikanische Originalausgabe erschien 2009 unter dem Titel *James Cameron's Avatar. An activist's survival guide,* bei !tbooks, einem Imprint von HarperCollins Publishers, LLC.
James Camerons Avatar ist eine eingetragene Marke der Twentieth Century Fox Film Corporation ™ & © 2009 by Twentieth Century Fox Film Corporation.

Übersetzung: Karlheinz Dürr und Helmut Dierlamm/VerlagsService Dr. Ulrich Mihr
Redaktion: Werner Wahls/VerlagsService Dr. Ulrich Mihr
Umschlaggestaltung: Twentieth Century Fox Film Corporation,
bearbeitet für die deutsche Ausgabe von Moritz Röder
Umschlagabbildung: Twentieth Century Fox Film Corporation
Satz: Moritz Röder
Druck: Firmengruppe Appl, aprinta Druck, Wemding
Printed in Germany

ISBN 978-3-86883-096-5

Weitere Infos zum Thema

www.rivaverlag.de
Gerne übersenden wir Ihnen unser aktuelles Verlagsprogramm.

»Es gibt viele Gefahren auf Pandora, und eine der tückischsten besteht darin, dass man es irgendwann zu sehr liebt.«

Dr. Grace Augustine

ÜBERLEBENS-HANDBUCH

AN DIE ERDBEWOHNER

Die Heere der Habgier verwüsten die Erde und vernichten ihre Geschöpfe. Der unbändige Energiehunger zerstört unseren Planeten. Wir versinken in Abfallhalden und ersticken unter Müllbergen.

Übervölkert, überentwickelt, von Terrorismus und Umweltkriegen bedroht, verstrahlt von Kernkraftwerken und Atomabfällen ist die Erde. Luft- und Wasserverschmutzung, Klimawandel, Artensterben ... unser einst so schöner Blauer Planet ist nur noch eine tödlich giftige Jauchegrube und verunstaltet wie eine eiternde Wunde das Antlitz des Universums. Mit jedem Dollar bezahlen wir unseren eigenen Untergang.

Wer also bin ich? Ein Nachbar, ein Freund, der Feind. Anonym. Unsichtbar. Allgegenwärtig. In der Menge schlurfe ich neben dir, Schulter an Schulter, ungewaschen stinkend, weil das Wasser rationiert wird, krank durch die einzige Nahrung, die uns noch bleibt: ein ekliger Brei aus billigen Kohlehydraten und synthetischen Proteinen. Wie du lebe ich gefangen in einem Rattenloch aus schmutziggrauem Beton, überwacht vom alles fressenden, allmächtigen Netz, und sauge schweflige Luft in die kranken Lungen. Einer der Unzähligen, die meist nur betäubt dahinvegetieren. Voller Narben, voller Angst, gehetzt – und doch nur allzu menschlich.

Was mir an Lebenskraft geblieben ist, wird durch Zorn angetrieben – durch die aufrührerische, explosive Wut eines sterbenden Planeten!

Ich schaue auf aus diesem Hightech-Jammertal und erblicke in der Ferne einen viel schöneren Lebensraum – das reine Pandora, das sanft in der samtblauen Dunkelheit schimmert. In seiner Anmut, Schönheit und Fruchtbarkeit, seiner Flora und Fauna liegt unsere Hoffnung und Rettung.

Doch die Gier der Megakonzerne überschreitet auch planetare Grenzen und breitet sich auf Pandora wie ein Pilzgeschwür aus, um es mit kalter Berechnung und brutaler Gewalt zu zerstören.

Du befindest dich in höchster Gefahr. Denn vor dir liegt ein Dokument, das entscheidend ist für das Überleben Pandoras und der Erde. Diese Aufzeichnungen wurden illegal beschafft und zur Erde geschmuggelt; wie, darf ich nicht enthüllen. Beschafft von mutigen Menschen, die ihr Leben riskierten, um die Wahrheit zu verbreiten. Und ihre Zahl wächst.

Es gibt keine Garantie, dass diese Informationen stimmen. Aber es gibt jene, die nicht wollen, dass du sie erhältst, die wollen, dass du weiter unwissend und betäubt dahinvegetierst, dass du wie eine glückliche Kuh ihre sorgfältig manipulierten Lügen wiederkäust. Sei also vorsichtig: Sie lauern in jeder Nische des allgegenwärtigen Netzes und warten.

Organisiere den Widerstand! Überzeuge andere! Verbreite die brutale und schmerzliche Wahrheit! Das tödliche Gift der Konzerne darf sich nicht weiter ausbreiten!

Denke an die Hoffnung, die Pandora heißt, und an die Na'vi. Im Gegensatz zu uns besitzen sie fast gar keine Technologie. Und doch müssen wir ums Überleben kämpfen, während sie im blühenden Überfluss leben. Kann uns das Wissen dieser heilen, heiligen Welt helfen, unser furchtbares Schicksal abzuwenden? Vielleicht nicht. Doch wenn viele die Wahrheit erfahren, gibt es Hoffnung – für Pandora und für unsere geschundene Erde. Wenn wir Pandora nicht retten können, wie wollen wir dann uns selbst retten?

Komm zu uns und kämpfe. Kämpfe für Pandora! Kämpfe für die Erde! Kämpfe für dein eigenes Überleben!

WARNUNG!

Dies ist ein Überlebens-Handbuch – für unser eigenes Überleben wie auch das unseres geliebten Planeten. Diese Daten, von mir und anderen unter Lebensgefahr gesammelt, können uns helfen, Land, Wasser und Luft zu entgiften und gegen die alles verzehrende Habgier der Megakonzerne anzukämpfen.

Aber eins sollte klar sein: Unser erklärtes Ziel ist, die RDA, die Resources Development Administration, abzuschaffen. Nur so sind Pandora und die Erde selbst zu retten. Die vorliegenden Aufzeichnungen über Pandora sind daher äußerst wertvoll – über seine Astrobotanik, Geologie, Anthropologie, Paläontologie, Biologie. Wissenschaftliche Erkenntnisse, die Tausende Jahre überspannen und die nicht nur aus Neugier entstanden, sondern auch aus Staunen und Ehrfurcht. Sie machten uns wieder zu dem, was wir einst waren: Menschen. Diese Informationen sollen belehren und warnen. Benutze sie, denn sie sind alles, was du erhalten wirst, und viel mehr, als die Feinde dir zugestehen wollen.

Pandoras Reichtum, weit mehr als nur ein Mineral, kann uns retten. Die Blume Dakteron zum Beispiel hat bemerkenswerte medizinische Kräfte und könnte die globale Plage der Flussblindheit ausrotten. Der schnell wachsende radiotropische Pilz Octoshroom absorbiert bestimmte Gifte im Boden und könnte verseuchte Prärien entgiften. Teylu, eine Raupe, enthält weit mehr verschiedenartige Proteine als unser immer seltener werdendes Phytoplankton; sie könnte für den Erhalt des Lebens entscheidend sein.

Du weißt, es gibt längst keine Nationalparks mehr, sie wurden alle mit Luxusapartments oder Wohncontainern zugebaut oder in Proteinfarmen umgewandelt. Die riesigen, tausendjährigen Mammutbäume wurden zu Brennholz. Die einst so stolzen 740 Meter hohen Yosemite-Wasserfälle kriechen heute nur noch als dünnes Rinnsal über die Felsen herab. Der größte Teil der Küsten wird für Marikultur genutzt, denn für die Ernährung der Menschheit ist nur noch ein einziges Nahrungsmittel ausreichend vorhanden: die Blaualge Spirulina. Irgendwie erstaunlich, was man aus Algenproteinkonzentrat machen kann, wenn man die richtigen Gewürze verwendet.

Ich selbst bin ziemlich an meine Wohnbox gebunden, musst du wissen. Ich sehe aus wie du – mittelgroß, unauffällig. Früher kannte ich weder Zweck noch Ziel. Heute gibt es die »Sache«. Ich wurde von der Liebe überrascht – zur berühmten Xenobotanistin, dem weiblichen Darwin von Pandora: Dr. Grace Augustine. Sie wurde meine Führerin, meine Erleuchtung. Das hier tue ich für sie.

Sie erweckte Pandora in mir. Ich begann zu träumen – großartige Träume, grenzenlos, eingestimmt auf diesen Ort weit jenseits unseres fahlgelben Himmels, in der blauschwarzen Unendlichkeit des Alls.

Ich ließ mich anlocken von der Magie und dem Mysterium dort draußen, von Hoffnung und Glaube an einen allwissenden Geist, von dem Pandora durchwoben ist und der Urheber und Ursprung der lebenserhaltenden Verbundenheit allen Lebens ist. Es ist kein Mythos,

kein abstrakter Glaube. Auf Pandora gibt es nur ein größeres Wesen. Es verbreitet sich in einem komplexen Wurzelsystem unter der Oberfläche, ähnlich den Nervengeflechten des menschlichen Gehirns. Ein einziges, riesiges Empfindungsvermögen, das das ganze Land umfasst.

Die Na'vi nennen dieses Wesen Eywa. Ist sie intelligent, diese Eywa? In gewisser Weise. Aber sie gleicht eher einem Bio-Internet. Sie ist ein Erinnerungsspeicher, ein kollektives Bewusstsein, eine genau kalibrierte Waage. Sie zeichnet die Gedanken und Gefühle aller denkenden und fühlenden Wesen auf. Sie sorgt dafür, dass sich das gesamte System im Gleichgewicht hält, sodass es vollkommen unabhängig ist und seine Biovielfalt, seine Fähigkeit zur Selbstregulation und seine Einheit erhalten kann.

Aber anders als ein Netzwerk hat sie auch einen Willen. Sie leitet, sie formt, sie schützt. Manchmal opfert sie etwas, das sie liebt, zum Wohl des größeren Ganzen. Eywa ist nicht parteiisch; sie wird dich nicht unbedingt retten. Ihre Rolle ist es, alles Leben zu schützen, und das Gleichgewicht des Lebens. Sie ist, buchstäblich, Mutter Natur.

Wir dagegen sind verloren. Durch Habgier, Achtlosigkeit, schiere Dummheit.

Wache endlich auf! Erkenne deinen Feind – die gesetzlosen Bastarde, die die Sonne versklaven und über Tag und Dunkelheit herrschen wollen.

Dieser Feind ist, wie schon erwähnt, die RDA. Sie hat die Lizenz, in alle Ewigkeit Welt und Weltall auszubeuten und zu plündern. Gegründet wurde sie im 21. Jahrhundert mit ein paar geborgten Dollars als winzige Garagenfirma im Silicon Valley. Heute ist sie die größte kommerzielle Organisation des Universums. Mit dem Monopol auf alle Produkte, die auf Pandora geschürft und von dort exportiert werden, jenem empfindlichen Mond, der in tänzerisch anmutigem Orbit um den riesigen Gasplaneten Polyphemus kreist.

Weder durch Vorschriften noch durch Schwerkraft eingeschränkt, übernahm die RDA allmählich die Herrschaft über den Himmel. Schon wenige Jahrzehnte nach ihrer Gründung betrieb sie Hunderte von Weltraumfabriken auf dem Mond, dem Mars und im Asteroidengürtel des Sonnensystems. Fabriken, die von oben ihre toxischen Abfälle auf die Erde regnen ließen. Ja, ein ständiger Giftregen – auf dich.

Und das »Konsortium«, wie sie keineswegs liebevoll genannt wird, griff immer weiter aus, um den ständig nach Energie gierenden Rachen zu füttern. Auch nach Pandora, als dort Unobtanium entdeckt wurde, eines der begehrtesten und kostbarsten Materialien, die jemals gefunden wurden, mit einem Wert, der den von Gold um ein Vielfaches übersteigt.

Unobtanium kommt nur auf Pandora vor. Es handelt sich um eine Verbindung aus Seltenen Erden, einen Hochtemperatursupraleiter. Supraleitung nennt man den Effekt, bei dem ein Material Elektrizität verlustfrei leitet. Früher war das nur bei sehr niedrigen Temperaturen möglich. Dann wurden Zimmertemperatursupraleiter zum höchsten Ziel der Materialwissenschaft – doch Elektrizität ohne Verluste bei noch höheren Temperaturen leiten zu können, wurde lange Zeit für ein unerreichbares Ziel gehalten. Bis man Unobtanium entdeckte. Das Mineral wurde zum Rückgrat der Weltwirtschaft. Und die RDA kontrolliert alles, vom Abbau bis zur Verteilung.

Die RDA will Geld machen, das ist klar. Eine Menge Geld für eine Menge Leute. Sie hat Millionen Aktionäre und ist die rentabelste unter den Quasi-Regierungsorganisationen. Wie ein Virus hat sie sich in alle Bereiche unseres Daseins geschlichen.

Aber ich spüre eine eigenartige Hoffnung. Ich schließe die Augen und stelle mir Streifen und Wirbel zerfetzter Wolken vor, die vor dem türkisfarbenen Himmel um schwebende Berge treiben – ja, schwebende Berge aus hartem Gestein, mitten im Kumulus, Stratus, Zirrus treibend. Manche der schwebenden Berge sind mehr als sechzehn Kilometer breit und schweben Hunderte Meter über dem Boden. Und Bäche, die auf Hochebenen entspringen und als Wasserfälle wie eine Kaskade von Juwelen über senkrechte Felswände stürzen, um dann wie Geysire auf den zerklüfteten Felsen zu zersprühen – aber in umgekehrter Richtung.

Wie winzige Ascheflocken im Wind glitzern fledermausähnliche farbenprächtige Geschöpfe unterschiedlicher Größe in der Luft. Weit darunter, auf den endlos grünen Ebenen von Pandora, machen sich große Herden von Sturmbeest auf ihre Wanderung.

Dazwischen höre ich ein meditatives Na'vi-Lied erklingen, das den Clan zusammenruft und die Jäger zur Rückkehr drängt.

Und dann wieder sehe ich unsere Erde, voller Narben, aber wieder belebt und erneuert. Die Ozeane glitzern in ihrem Blau, eine frisch gewaschene Welt, die von Neuem beginnt. So, wie sie einmal war. Vielleicht hat uns Eywa gerufen, ohne auf ihre eigene Gefährdung zu achten, um die Erde zu retten.

1 ASTRONOMIE UND GEOLOGIE

Alpha Centauri ist 4,37 Lichtjahre von der Erde entfernt und das unserer Sonne nächstgelegene Sternsystem. Obwohl es wie ein einzelner Stern erscheint, ist es ein Dreifachsternsystem und besteht aus zwei sonnenähnlichen Sternen, Alpha Centauri A (abgekürzt ACA) und Alpha Centauri B (ACB), sowie dem Roten Zwerg Alpha Centauri C (ACC). Der größte Stern des Systems ist ACA und dient Pandora als Sonne. Pandora ist ein großer Mond, der den Planeten Polyphemus umkreist.

Die Nähe Pandoras zu Polyphemus und zwei weiteren Monden ruft Gezeitenhitze hervor, die zu einer starken Kontinentalverschiebung beiträgt. Dadurch entsteht intensiver Vulkanismus; große Landmassen werden auseinandergerissen. Es herrscht ein gemäßigtes Klima. Der einzigartige Stoff Unobtanium trug durch seinen supraleitfähigen Magnetismus dazu bei, dass höchst bemerkenswerte geologische Formationen entstanden sind, zum Beispiel die »Halleluja-Berge« und die Felsentore. Die Landschaft ist fremdartig, doch gibt es auch Täler, Berggipfel, Strände und Seen wie auf der Erde. Die makellose Schönheit überwältigt alle Erdbewohner, die den Planeten besuchen.

Entdeckung und Erforschung des Alpha-Centauri-Systems gehören zu den herausragenden Leistungen der Wissenschaft. Doch nur das Unobtanium lockt die Menschen nach Pandora. Und es ist auch der Grund, weswegen sich die RDA trotz der enormen Gefahr auf Pandora festsetzt.

PANDORA

POSITION: Ein Mond des Polyphemus, eines Gasriesen, der sich in Umlaufbahn um den Stern Alpha Centauri A befindet, ungefähr 4,4 Lichtjahre von der Erde entfernt.

LEBENSBEDINGUNGEN: Erdähnlich, aber Menschen können ohne Exopack nicht atmen.

BEWOHNER: Na'vi, eine hochintelligente humanoide Rasse mit jungsteinzeitlicher Gesellschaftsform.

RESSOURCEN: Einziges bekanntes Vorkommen von Unobtanium, einem Hochtemperatursupraleiter.

Obwohl Pandora ein Satellit des Polyphemus ist, hat es viel mehr mit der Erde gemein als mit unserem Mond. Pandora gleicht der Erde in Größe, Atmosphäre und Erscheinungsbild. Seine Kontinente und Inseln sind von ähnlich blauen Meeren umgeben. Die Farbe der Wolken variiert von flockigem Weiß bis zu schwarzen Gewitterwolken. Es gibt Gebirge, Täler, Ebenen, Seen und Flüsse. Pflanzen wachsen überall; Wiesen und Wälder bedecken den größten Teil der Oberfläche. Riesige Herden von weidenden Tieren ziehen über die offenen Grassteppen und große Flugwesen bevölkern den Himmel.

Viele Pflanzen enthalten chemische Substanzen, die sie für den menschlichen Verzehr ungeeignet machen. Viele haben giftige Dornen oder Schalen. Auch das Tierleben ist für Menschen gefährlich. Der dick gepanzerte Hammerkopf lässt sich durch Schüsse aus normalen Jagd- oder auch Maschinengewehren nicht aufhalten. Fliegende *Ikrans* stürzen sich vom Himmel auf nichts ahnende Menschen. Auch viele kleinere Tiere und Insekten, wie die Stichfledermaus und die Höllenfeuerwespe, verfügen über extrem starke Gifte. Und die Bewohner von Pandora sind Krieger, deren Fähigkeiten von den Menschen immer wieder unterschätzt werden.

Doch Pandora verfügt auch über eine Schönheit, die von der Erde nicht übertroffen werden kann. Nachts leuchtet alles Leben in phosphoreszierenden Farben, ein funkelndes, flackerndes Fantasiereich, das geradezu hypnotisch wirkt. In spiritueller Hinsicht scheint alles Leben auf Pandora von einer seltsamen Harmonie durchdrungen. Die wenigen Menschen, denen diese Erfahrung zuteil wurde, erklärten, sie hätten dabei einen so umfassenden inneren Frieden empfunden wie noch nie in ihrem Leben.

Die mysteriöse Schönheit Pandoras beflügelt die menschliche Vorstellungskraft.

ENTDECKUNG

Eines Tages entdeckte man, dass der Planet Polyphemus im Alpha-Centauri-System von einem Mond umkreist wird. Man stellte fest, dass dieser Mond, Pandora, eine Atmosphäre mit einer Konzentration von Sauerstoff besitzt, die fast der irdischen Atmosphäre entspricht, sodass dort Leben möglich ist.

Noch erstaunlicher waren Messungen, aus denen sich auf ungewöhnlich starke Magnetfelder schließen ließ.

Nachdem man noch stärkere Teleskope gebaut hatte, entdeckte man auf Pandora eine grüne, erdähnliche Welt. Eine unbemannte Weltraummission ergab, dass es auf Pandora tatsächlich von Pflanzen und Tieren nur so wimmelte und dass seltsame geologische Formationen vorhanden waren.

Und man entdeckte auch die Ursache der starken Magnetfelder: eine Substanz, die diese bemerkenswerte Hochtemperatursupraleitfähigkeit aufwies. Diese Substanz, später Unobtanium genannt, und die Vorstellung, dass es auf Pandora menschenähnliches Leben geben könne, führten schließlich dazu, dass eine bemannte Raumfahrtmission nach Pandora geschickt wurde.

PHYSIKALISCHE EIGENSCHAFTEN					
Himmels-körper	Durchmesser (in km)	Masse	Schwerkraft	Luftdichte	Luftdruck
Erde	12 752	1	1	1	1
Pandora	11 447	0,72	0,8	1,2	1,1

GEOLOGIE

Enorme Magnetstürme, hervorgerufen durch das Zusammenwirken mit den Magnetfeldern des Polyphemus. Tödliche Tiere. Giftige Atmosphäre. Unübertroffene Schönheit; spirituelle Harmonie.

Der physikalische Aufbau Pandoras ähnelt dem der Erde: ein flüssiger Eisenkern, ein zähplastischer Mantel und eine relativ feste Kruste. Wie die Erde hat auch Pandora interne Wärmequellen wie die geothermische Energie sowie die sich aus den Anziehungskräften der nächstgelegenen Himmelskörper ergebende Energie.

Die Kontinentalverschiebungen verlaufen schneller als auf der Erde; die tektonischen Platten brechen öfter auseinander, sodass Pandora keine großen Kontinente aufweist. Vulkanismus und geothermische Aktivität sind stark ausgeprägt.

Das Land-Wasser-Verhältnis Pandoras ist größer als das der Erde. Die Landfläche ist in viele kleine Kontinente aufgesplittert; die Gesamtküstenlänge ist daher sehr viel größer, die Binnenlandflächen sind kleiner als auf der Erde. Es herrscht ein gemäßigtes Klima ohne extreme Temperaturunterschiede. Auf den Polen liegen frei schwimmende Eiskappen.

Pandora ist vulkanisch aktiver als die Erde. Es gibt zahlreiche Schlote auf dem Festland wie in den Meeren. Viele der Berge und andere Merkmale der Oberfläche sind vulkanischen Ursprungs. Die Landschaft ist von heißen Quellen und Geysiren übersät.

MAGNETFELDER

Pandora besitzt einen flüssigen Eisenkern mit einem magnetischen Dipolfeld, das dem der Erde gleicht. Seine Stärke wird jedoch durch große Vorkommen von Unobtanium mehrhundertfach vergrößert. Dieses starke Magnetfeld schützt die Oberfläche vor kosmischer Strahlung und vor dem von ACA ausgestoßenen Material. Im Unterschied zur Erde sind die Magnetfelder jedoch nicht so gleichförmig, und wo Unobtanium in hoher Konzentration vorkommt, entstehen Verzerrungen des gesamten Magnetfelds, die wie magnetische Trichter wirken können. Diese Anomalien können von ACA ausgestoßene Partikel zur Oberfläche leiten. Jede Lebensform, die das Pech hat, sich während einer Sonneneruption in einem dieser Gebiete aufzuhalten, wird schnell mit einer tödlichen Dosis verstrahlt.

Pandoras globales Magnetfeld wirkt auch mit dem sehr viel stärkeren Feld des Polyphemus zusammen. Dabei kann die im Magnetfeld gefangene Strahlung auf die Oberfläche umgeleitet werden – mit höchst unangenehmen Folgen. Hinzu kommt, dass die Konfiguration dieser beiden starken Felder einen »magnetischen Fluss« hervorbringen kann; die polaren Gebiete des Planeten und seines Satelliten werden so durch elektrischen Strom mit einer Stärke von Millionen Ampere verbunden. Das erzeugt auf beiden Einheiten eine gigantische Zunahme der elektrischen Aktivität, mit gewaltigen Polar-lichtern und anderen elektromagnetischen Phänomenen.

ATMOSPHÄRE

Pandora ist nicht die Erde, und sein paradiesisches Erscheinungsbild trügt. Die Stickstoff-Sauerstoff-Atmosphäre ist um 20 Prozent dichter als unsere. Sie enthält so viel Kohlendioxid (mehr als 18 Prozent), dass Menschen, die sie einatmen, recht schnell bewusstlos werden und sterben. Der überall vorhandene Vulkanismus spuckt zudem das hochgiftige Gas Hydrogensulfid in die Luft.

Die giftigen Gase müssen durch die Exopack-Maske herausgefiltert werden. Das schwere Gas Xenon macht ungefähr 5,5 Prozent der Atmosphäre aus und ist zum großen Teil verantwortlich für die höhere Luftdichte. Obwohl die Luftdichte größer ist als auf der Erde, ist sie auf Meereshöhe rund 10 Prozent niedriger, was teilweise der geringeren Schwerkraft des Mondes (80 Prozent der Erdschwerkraft) zuzuschreiben ist.

AMP-PANZERANZUG

FUNKTION: Ambulante Waffenplattform für militärische und zivile Operationen in feindlichen oder toxischen Umgebungen

OFFIZIELLE BEZEICHNUNG: MK-6 Amplified Mobility Platform (Verstärkte Mobilitätsplattform)

NA'VI-NAME: »Gehender Schild« oder »Gehender Nicht-Dämon«

GRÖSSE UND GEWICHT: Höhe 4 m, Breite 1,83 m

WAFFENAUSSTATTUNG: Schultertragbare und abnehmbare GAU 90 30-mm-Kanone. Patronengürtel mit Nachschubkanal. Optional ausrüstbar mit Flammenwerfer und Schwertklinge

Die »Verstärkte Mobilitätsplattform« (AMP-Panzeranzug) ist eine Weiterentwicklung eines militärischen Exoskelett-Geräts, das auf der Erde im frühen 21. Jahrhundert entwickelt und seither weiter verbessert wurde, zum Beispiel für den Einsatz in toxischen Umgebungen oder auf Mond und Mars. Der AMP ist ein starkes, in jedem Terrain verwendbares Kampfgerät für den Infanterieeinsatz. Es kann auch stärkste feindliche Angriffe durch Menschen oder Aliens überstehen und Schneisen durch schwierige Bodenverhältnisse oder feindliche Stellungen schlagen und verfügt über eine luftdicht verschließbare Kabine sowie ein eingebautes Atemsystem.

Die Bedienung des AMP lässt sich durch einige Wochen Training erlernen; länger dauert die Gewöhnung an die Übertragung von der Rückenlage zur aufrechten Haltung. AMPs stürzen selten, da sie mit einem Gyroskop ausgestattet sind und eine sehr präzise Bewegungs- und Gleichgewichtskontrolle erfolgt.

Wird der AMP-Führer verletzt oder getötet, verfügt der AMP über eine führerlose »Rückzugsfunktion« mit Batterieversorgung. Diese Technologie wurde entwickelt, um den Verlust der sehr teuren Geräte zu verhindern.

> Der Panzeranzug wurde nicht spezifisch für Pandora entwickelt, bietet jedoch effektiven Schutz gegen Giftpflanzen und Schwärme von stechenden Insekten oder beißenden Lebewesen.

TROTZ GYROSKOP UND STABILITÄTSCHIPS IST DER AMP LEICHTER UMZUSTOSSEN, ALS ES SCHEINT. EIN GUT PLATZIERTES STAHLKABEL BRINGT IHN ZU FALL. AUSSERDEM BLOCKIERT MANCHMAL DER MUNITIONSNACHSCHUB.

EXOPACK

Der Exopack wurde ursprünglich aus der zivilen Atemgerät-Technologie entwickelt und ist ein leichtgewichtiges Luftfiltersystem, das es Menschen ermöglicht, mit minimaler Ausrüstung auf Pandora zu überleben.

Pandoras Luft wäre problemlos atembar, wenn sie nicht durch eine Mischung aus Kohlendioxid, Xenon und Hydrogensulfid verseucht wäre. Diese Gase erzeugen nicht nur unangenehme Reaktionen; vielmehr tritt Bewusstlosigkeit innerhalb von 20 Sekunden und der Tod innerhalb von vier Minuten ein. Dennoch ist der Sauerstoffpartialdruck auf Pandora ähnlich zu dem der Erdatmosphäre. Man muss nur die toxischen Komponenten herausfiltern. Die Filter funktionieren zwei Wochen lang, dann kommt es zur Verstopfung der Filterporen durch Ablagerungen. Die Filter lassen sich unter fließendem Wasser auswaschen; bei vorschriftsmäßiger Handhabung sind sie unbegrenzt benutzbar.

> Ein Dichtungsring aus Polymer rund um die Filtermaske sorgt dafür, dass sie luftdicht auf dem Gesicht anliegt.

LIES DIES SORGFÄLTIG – ES KANN NICHT MEHR LANGE DAUERN, BIS WIR DIESE DINGER AUCH AUF DER ERDE BENUTZEN MÜSSEN. EIN PAAR VON UNSEREN LEUTEN HABEN SIE FÜR DIE FELDARBEIT IN DEN TODESZONEN IM OSTEN NACHGEBAUT. NOCH SO EIN PRÄCHTIGES ERGEBNIS, DAS WIR DER RDA ZU VERDANKE HABEN.

Alpha-Centauri-Sternsystem

Position: 4,37 Lichtjahre von der Erde entfernt

Beschreibung: Bei Betrachtung durch das Teleskop erscheint Alpha Centauri als hellster »Stern« im Sternbild Centaurus. Tatsächlich handelt es sich jedoch um drei Sterne, die umeinander kreisen. Das Dreifachsternsystem besteht aus zwei sonnenähnlichen Sternen, Alpha Centauri A (ACA) und B (ACB) sowie dem Roten Zwerg C (ACC)

Alpha Centauri ist das dem Sonnensystem nächstgelegene Sternensystem. Sein größter Stern ACA ist ungefähr 20 Prozent größer als die Sonne; er ist hier deshalb von Bedeutung, weil er als Sonne für Pandora dient, der Heimat der bisher einzigen entdeckten intelligenten Spezies außerhalb der Erde.

ACB ist hingegen ungefähr 15 Prozent kleiner als unsere Sonne und von deutlich orangener Färbung, da er um 500 Kelvin kühler ist als sein Nachbarstern. ACC ist ein Roter Zwerg, der etwa 20 Prozent der Größe der Sonne und weniger als die Hälfte ihrer Temperatur erreicht. ACC strahlt deshalb nur ein schwaches rotes Glühen aus.

Entdeckung

Schon die frühe Erforschung durch Teleskope und unbemannte Raumschiffe zeigte, dass ACA voller Überraschungen ist. Sein Planet Coeus weist einen riesigen augenförmigen Sturm auf, der um ein Vielfaches größer ist als der Große Rote Fleck des Jupiters. Der Planet wurde deshalb in »Polyphemus« umbenannt, nach dem einäugigen Zyklopen Polyphemos aus Homers »Odyssee«. Noch auffälliger erschienen die Monde des Planeten, die bis zu 6437 Kilome-

ter Durchmesser erreichen. Es waren Wolken und Meere sichtbar; auf dem fünften und sechsten Mond entdeckte man sauerstoffhaltige Atmosphären eines Typus, der nur durch Lebensformen des Kohlenstoffzyklus hervorgebracht werden kann.

POLYPHEMUS

POSITION: Zweitgrößter der drei Gasriesen, die den Stern Alpha Centauri A (ACA) umkreisen

BESCHREIBUNG: Kleiner als Saturn. Einer seiner Monde, Pandora, ist Heimat der Na'vi

Polyphemus ist ein planetarer Gasriese, der unserem Saturn gleicht, aber keine Ringe aufweist. Anders als Saturn liegt er nicht im äußeren Bereich des Sonnensystems, sondern umkreist ACA in einer Entfernung, die etwa der Umlaufbahn der Erde um die Sonne entspricht. Polyphemus enthält einen viel größeren Anteil an Helium und anderen schweren Elementen als Saturn und weist im Verhältnis zur Größe eine größere Masse auf.

Polyphemus zeigt auch deutlichere Bänder als der Saturn, doch sind sie nicht so spektakulär wie bei Jupiter. Dagegen hat er einen Wirbel, der den Großen Roten Fleck auf Jupiter in Größe und Turbulenz bei Weitem übertrifft. Polarlicht ist fast permanent vorhanden und so intensiv, dass es auch bei Tageslicht sichtbar ist. Wenn durch magnetischen Fluss eine Verbindung zwischen dem Planet und den Satelliten zustande kommt, wird an den Verbindungsstellen in den Polarregionen der Monde strahlendes Polarlicht sichtbar.

Polyphemus besitzt 14 Satelliten, darunter Pandora. Die Umlaufbahnen der beiden äußeren Monde sind denen der anderen Monde entgegengesetzt.

Die chemische Mischung seiner Atmosphäre wird durch die Strömungen und Sturmwinde aufgewühlt, die durch die rapide Rotation des Planeten entstehen. In der Folge ergibt sich ein brillantes Farbenspiel der Wolkengürtel mit ständig wechselnden Mustern und Wirbelstürmen.

Ein kleiner und ein großer Kleinplanet befinden sich auf demselben Orbit wie Polyphemus, jeweils ungefähr 60 Grad vor und hinter dem Planeten.

UNOBTANIUM

FUNKTION: Entscheidend für Materie-Antimaterie-Energiegeneratoren sowie interstellaren und Weltraumverkehr, Überlichtgeschwindigkeits-Kommunikation und die Bedienung von Magnetschwebebahnen

EIGENSCHAFTEN: Hochtemperatursupraleiter, der in der Lage ist, Magnetfelder sowohl abzustoßen als auch zu absorbieren

AUSSEHEN: Metallisches, silbergraues, kubisches Kristall

VORKOMMEN: Ein natürliches, nur auf Pandora vorkommendes Mineral

Die moderne Zivilisation ist von der Supraleiter-Technologie abhängig, einer Triebkraft der Weltwirtschaft. Darüber hinaus wären ohne sie viele spezialisierte Anwendungsbereiche nicht möglich, wie Überlichtgeschwindigkeits-Kommunikation und Hyperchip-Produktion.

Als im späten 21. Jahrhundert der erste Hochtemperatursupraleiter konstruiert wurde, erwies er sich als zu instabil für eine Nutzung. Weitere Anstrengungen blieben erfolglos, sodass die Forscher schließlich ihrem Ziel den Spottnamen »Unobtainium« gaben – hergeleitet vom englischen »unobtainable«, etwas, das »unerreichbar« ist. Dabei blieb es zunächst, bis die erste unbemannte Forschungsmission auf Pandora große Vorkommen einer zur Hochtemperatursupraleitung fähigen Substanz entdeckten, der sie den Namen »Unobtanium« gaben, obwohl es sich nicht um ein Element, sondern um ein Kompositmaterial handelt.

Bei der Analyse der ersten Probe entdeckte man, dass sie ein extrem starkes Magnetfeld aufwies. Das widersprach allem, was man über Supraleiter gewusst hatte – sie stoßen normalerweise Magnetfelder ab. Die Forscher rätselten, bis durch einen Mikroscan das erste der vielen Geheimnisse von Unobtanium aufgedeckt wurde: Im Gegensatz zu den hochempfindlichen Kristallen der künstlich hergestellten Supraleiterverbindungen besteht diese Substanz aus einem stabilen Quasikristall, dessen Atome in fünffacher Symmetrie in geordnetem, aber niemals gleichem Muster arrangiert sind. Diese quasikristalline Struktur weist mikroskopisch kleine Zwischenräume mit magnetischen Flusslinien auf.

Das Unobtanium von Pandora übertrifft auch den besten künstlichen Supraleiter. Es behält seine Leitfähigkeit sogar bis zu seinem Schmelzpunkt bei 1516 °C! Unobtanium ist zudem extrem widerstandsfähig gegen Magnetfelder und behält seine Leitfähigkeit auch in einem Magnetfeld von einer Milliarde Gauss – tausendfach besser als jedes irdische Material.

Theorien zufolge ist möglicherweise ein Planetesimal, also ein »Planetenvorläufer«, von der Größe des Mars auf Pandora gestürzt, als das Alpha-Centauri-System aus einem Sternennebel kondensierte und sich Pandora noch im geschmolzenen Zustand befand. Die bei der Kollision entstandenen Temperaturen und der Druck interagierten mit den starken Magnetfeldern von Polyphemus und erzeugten die Bedingungen, unter denen diese einzigartige Substanz entstehen konnte.

Marktwert von raffiniertem Unobtanium derzeit bei 40 Millionen Dollar pro Kilo. Entscheidend für Weltwirtschaft.

DIE ZERSTÖRUNG VON PANDORA WIRD
SICH SO LANGE FORTSETZEN, WIE DIE RDA JEDEN
VERSUCH UNTERDRÜCKEN KANN, EINE
IRDISCHE ALTERNATIVE ZU UNOBTANIUM ZU
ENTWICKELN. EIN BRUTALER SCHWARZMARKT IST
ENTSTANDEN, DER ZUR FINANZIERUNG VON
TERRORGRUPPEN BEITRÄGT. DAS MATERIAL IST
DAS ULTIMATIVE MOTIV FÜR DIE ERFORSCHUNG
UND KOLONISIERUNG PANDORAS UND DIE
UNTERDRÜCKUNG DER NA'VI.

SUPRALEITFÄHIGKEIT

Mit Supraleitfähigkeit bezeichnet man die Eigenschaft bestimmter Materialien, Elektrizität ohne jeden Widerstand leiten zu können, sodass kein Energieverlust eintritt. Es handelt sich dabei um ein Phänomen der Quantenphysik und nicht nur um die normale Reduktion des elektrischen Widerstands bei Erreichen der Sprungtemperatur. Supraleiter haben auch einzigartige magnetische Eigenschaften.

Die moderne Zivilisation ist in Kernbereichen wie Energieerzeugung, Transportwesen und interstellarem Verkehr von der Supraleiter-Technologie abhängig, aber auch bei speziellen Anwendungsbereichen wie Überlichtgeschwindigkeits-Kommunikation und Produktion von Hyperchips.

Metalle sind die besten Beispiele für normale leitfähige Materialien, vor allem Kupfer, Silber und Gold. Doch der Widerstand eines Metallkabels liegt nicht bei Null, ein Teil der elektrischen Energie wird in Wärme umgewandelt. Das bedeutet, dass ein elektrischer Leiter einen großen Durchmesser benötigt, um den Gesamtwiderstand zu reduzieren und zu verhindern, dass das Kabel durchschmort.

Der Supraleitfähigkeit liegt ein anderes Phänomen zugrunde, das man selbst heute, im 22. Jahrhundert, noch nicht völlig versteht. Dabei schließen sich die elektrische Energie tragenden Atome zu Paaren zusammen und bewegen sich in perfekter Einheit (während sie im normalen Stromleiter in einem irren Gerangel zur Ziellinie rasen).

Supraleitfähigkeit war ursprünglich nur bei Temperaturen nahe null bekannt. Im Lauf der Jahrhunderte wurden aber Substanzen entdeckt, die Supraleitfähigkeit bei immer höheren Temperaturen aufwiesen. Heutzutage funktionieren sie sogar noch oberhalb von 100 °C.

Wenn elektrischer Strom fließt, erzeugt er ein Magnetfeld. Zu den Eigenschaften von supraleitfähigen Materialien gehört, dass sie solche Felder abstoßen können. Die Abstoßung kann so stark sein, dass ein Stück des supraleitfähigen Materials auf dem Magnetfeld schwebt.

Umfangreiche Forschungen wurden durchgeführt, um den Widerstand der Supraleiter gegen das Eindringen von Magnetfeldern zu verbessern. Bis heute erweist sich Unobtanium in dieser Hinsicht als absolut überlegen. Unter bestimmten Bedingungen ist es sogar möglich, im Unobtanium ein starkes Magnetfeld einzusperren. Diese einzigartige und verblüffende Eigenschaft hat viele neue Anwendungen und Forschungsbereiche eröffnet.

FELSENTORE

GRÖSSE: Unterschiedlich; das größte Felsentor hat eine Spannbreite von 500 Metern und eine Höhe von 300 Metern

ZUSAMMENSETZUNG: Kompositgestein mit hohem Eisenerz-Anteil

BESCHREIBUNG: Eine der auffälligsten Landformen Pandoras, entstanden beim Abkühlen. Schleifen aus starken Magnetfeldern, die durch das Unobtanium gebildet wurden, formten das geschmolzene Gestein, das danach zu diesen Felsformationen aushärtete. Durch Erosion des Umgebungsgesteins wurden die Felsentore freigelegt

Für die RDA-Prospektoren sind Felsentore Hinweise auf Unobtanium-Lagerstätten. Piloten sehen in den Felsbögen eine Warnung vor starken Magnetfeldern, die ihre Navigationssysteme stören und sonstige Funktionen der Fluggeräte beeinträchtigen können.

DIE HALLELUJA-BERGE

BESCHREIBUNG: Gruppe von Monolithen, die Tausende Meter über Pandora schweben

GRÖSSE: Unterschiedlich, von Felsbrockengröße bis zu 16 Kilometern Durchmesser

Schwebende Berge sind neben den Felsentoren die zweite auffällige Landform Pandoras. Die Halleluja-Berge werden von den Na'vi als heilig angesehen. Sie bilden den Ort der *Iknimaya*, dem gefährlichen, aber elementaren Initiationsritus, bei dem junge Na'vi einen der dort nistenden *Ikrans* fangen und sich mit ihm verbinden müssen.

Als die ersten menschlichen Forscher die schwebenden Berge erblickten, wurden sie wie alle nach ihnen von Staunen überwältigt. Der Anblick von Milliarden Tonnen Gestein, die schwerelos wie Wolken in der Luft schweben, ist schier unbegreifbar.

Doch nach der Entdeckung des Unobtaniums lieferte die Supraleitfähigkeit des Minerals den ersten Hinweis, um das Rätsel der schwebenden Berge lösen zu können.

Zwar wurde sofort ein Zusammenhang mit den starken Magnetfeldern in dem Gebiet vermutet, doch blieb die Ursache unklar, bis RDA-Geologen Landuntersuchungen durchführten und die Unobtanium-Lagerstätten mit den Magnetfeldern in Verbindung brachten. Man entdeckte, dass jeder schwebende Berg von einem eigenen starken Magnetfeld umgeben war, das wie eine Art »Magnetzaun« wirkte. Damit ließ sich zwar die stabile Lage der Berge erklären, nicht aber die Frage, wie diese Situation zustande kam.

In der Folge bildeten sich zwei Theorien heraus, die einflussreichere Theorie stammt von Dimitri Pechta von der Luna-Armstrong-Universität. Ihr zufolge sorgte eine Art positive Rückkoppelung im geschmolzenen Zustand von Pandora dafür, dass ein Unobtanium-Vorkommen große Magnetfeldgebiete anzog; ihre gegenseitigen Abstoßungskräfte stießen große Brocken von unobtaniumhaltiger Materie ab, die auch nach ihrer Abkühlung und Verfestigung in der Luft schweben blieben. Die normale nichtmagnetische Materie war dichter und setzte sich beim Abkühlen an der Unterseite ab. Sie bildete den nötigen Ballast, wie der schwere Kiel eines Bootes. Um den oben auf dem Monolithen zurückbleibenden Krater bildete sich ein starkes ringförmiges Magnetfeld, das wiederum den schwebenden Berg in seiner Position hielt.

Die zweite, von einer Minderheit verfochtene Theorie besagt, die schwebenden Berge seien so fein ausbalanciert, dass bei ihrer Entstehung eine Form von
bewusster Steuerung vorhanden gewesen sein müsse. Diese Wissenschaftler ver-
weisen auf die globalen Verbindungen, die zwischen den verschiedenen Lebensformen und der Umwelt auf Pandora bestünden und die sich in der spirituellen
Gottheit und dem natürlichen Phänomen ausdrückten, das von den Na'vi »Eywa«
genannt wird.

DIE ÖFFENTLICHKEIT WEISS NICHTS
DARÜBER: DIE RDA ZERSTÖRT SOGAR DIESE
NATÜRLICHEN MEISTERWERKE PANDORAS.
EIN DUTZEND MENSCHEN KAMEN BEI
DER AUSBEUTUNG DER UNOBTANIUM-
LAGERSTÄTTEN UMS LEBEN, ALS EINE
FELSFORMATION VON ÖLTANKERGRÖSSE
ÜBER IHNEN PLÖTZLICH ›KENTERTE‹
UND AUF DIE ARBEITER HERABSTÜRZTE.
VERMUTLICH WAR DURCH DEN ABBAU
DES UNOBTANIUMS DAS MAGNETFELD
BESCHÄDIGT WORDEN, DAS DEN BERG IN
DER LUFT HIELT. MANCHE BEHAUPTEN
ALLERDINGS, DASS ES SICH UM EINEN
›AUSGLEICH‹ GEHANDELT HABE, DER VON
EYWA AUSGELÖST WORDEN SEI.

Die schwebenden Gesteinsmassen stoßen auch manchmal zusammen, daher der Na'vi-Name »Donnernde
Felsen«. Die Menschen nennen sie »Halleluja-Berge«, weil
sie ein Hinweis auf Unobtanium-Lagerstätten sind.

2 PHYSIOLOGIE UND KULTUR DER NA'VI

Die exotisch aussehenden Na'vi sind im Durchschnitt ungefähr drei Meter groß. Sie besitzen eine glatte, cyanblaue Haut, katzenartig geformte Augen und lange Greifschwänze. Sie sind die einzige bisher entdeckte Spezies außerhalb der Erde, die über menschenähnliches Bewusstsein und Intelligenz verfügt. Die Na'vi haben eine komplexe und hoch entwickelte Kultur hervorgebracht, die auf einer tiefen spirituellen Verbindung zu ihrem Mond, untereinander und zu einem alles umfassenden »Geist« beruht, den sie Eywa nennen.

Kernprinzip ist das Gleichgewicht; es findet in Körper, Verstand und Geist seinen Ausdruck. Die Na'vi achten den lebenserhaltenden Reichtum Pandoras und bewahren ihn. Nach diesem Prinzip leben alle Stämme auf allen Kontinenten – von den Stämmen in den Grassteppen bis zu den in Baumkronen lebenden Waldstämmen. Die Populationen aller Lebensformen befinden sich in einem vollkommenen dynamischen Gleichgewicht, eine organische und natürliche Symmetrie, in der Fehlentwicklungen wie Übervölkerung, Armut oder Obdachlosigkeit unvorstellbar erscheinen.

Na'vi

Allgemeiner Name: Na'vi

Na'vi-Name: *Na'vi* oder »Das Volk«

Wissenschaftlicher Name: *Homo pandorus*

Lebensraum: Verschiedene Biome auf Pandora. Bevölkerung lebt vorwiegend in Regenwaldgebieten. Entfernt lebende Stämme siedeln auf allen Kontinenten und in subarktischen, feuchttropischen und gebirgigen Gebieten

Anatomie: Glatte, blauschimmernde Haut; langer Greifschwanz; Schädel unterproportional; hohe Wangenknochen; katzenartige Ohren; vorragende Nasenpartie. Biolumineszente Markierung als individuelle Kennzeichnung, zeigt auch Stimmungsveränderung an. Durchschnittliche Lebensdauer etwa wie beim Menschen. Trotz Hautfärbung haben Na'vi rotes Blut

Ernährung: Allesfresser. Jäger und Sammler; gering entwickelte Landwirtschaft

Grösse: Männer bis drei Meter, Frauen etwas kleiner

Trotz ihrer im Grunde jungsteinzeitlichen Gesellschaftsform haben die Na'vi eine komplexe Kultur entwickelt, die auf einer tiefen spirituellen Bindung aller Lebensformen mit einer »Eywa« genannten Gottheit beruht. Ihre künstlerischen Fähigkeiten sind hervorragend; die geistige Verbindung wird durch Geschichten, Gesänge, Tanz und Kunsthandwerk zelebriert.

Na'vi sind Jäger und Sammler. Ihr Körper ist in vielerlei Hinsicht fast menschenähnlich (und auch nach menschlichen Standards wohlgeformt). Die Taille ist schmal und gestreckt, die Schultern sind sehr breit, der Rücken v-förmig. Trotz der Schlankheit ist die Muskulatur deutlich ausgeformt, sodass der Körper nicht mager wirkt. (Sie sind ungefähr viermal stärker als Menschen.) Die großen mandelförmigen Augen reagieren hyperempfindlich auf unterschiedliche Lichtstärken. Der Greifschwanz dient auch dazu, das Gleichgewicht des langen Torso und der Beine zu regeln. Sie können sich sowohl auf dem Boden als auch von Ast zu Ast schwingend fortbewegen.

Die reichhaltige Flora und Fauna bietet den Na'vi stabile Lebensräume. Vermutlich war der Selektionsdruck stets gering, sodass sich ein langsamerer Evolutionsprozess ergab als auf der Erde. Auch die Zahl der Na'vi scheint über sehr lange Zeiträume stabil geblieben zu sein. Natürliche Ressourcen sind überall und leicht zugänglich, was Kriege zwischen den Stämmen zwar nicht verhindert, aber doch stark reduziert.

> Normalerweise friedlich, aber wild bei Verteidigung von Heimstatt, Stamm und Familie.

DER NEURONALZOPF

Auf den ersten Blick halten Menschen den Neuronalzopf für einen auffallend langen Haarzopf. Tatsächlich handelt es sich um ein kunstvoll geflochtenes System von Nervensträngen, das mit ähnlichen Ausformungen anderer Lebewesen verbunden werden kann, um so Kräfte und kinetische

Signale mit anderen Lebewesen, auch Pflanzen, sowie mit ihrem Mond auszutauschen. Vermutungen zufolge dient er auch als Zugang zu dem neuronalen Netzwerk, das den gesamten Mond umspannt, und damit zur kollektiven Weisheit des Lebens auf Pandora.

Der Zopf ist von größter Bedeutung für die Existenz und geistige Befindlichkeit der Na'vi. Er wird im Alltag häufig benutzt, um sich mit Tieren zu verbinden, die für das Überleben und den Schutz des Clans wichtig sind: Sowohl das Schreckenspferd als auch der Berg-Ikran lassen sich mithilfe des Zopfs ihres Reiters zähmen und beherrschen.

DIE NA'VI SIND EINE MENSCHENÄHNLICHE RASSE, JEDOCH IN EINZIGARTIGER WEISE AUF IHRE UMWELT EINGESTIMMT. SIE SEHEN SICH IN VÖLLIGER EINHEIT MIT DER NATUR. AUCH MENSCHEN EMPFANDEN EINST STARKE VERBUNDENHEIT MIT IHR.

Das Liebesleben der Na'vi

Die Na'vi sind monogam mit lebenslanger Bindung. Die Sexualtechniken gleichen den menschlichen, doch vermittelt ihnen die einzigartige Physis einen Grad an Intimität, der von Menschen nicht erreicht wird. Anthropologen gehen davon aus, dass Mann und Frau nach der Partnerwahl (die viele Jahre dauern kann) ihre Zöpfe verbinden und somit ein emotionales Band herstellen, das lebenslang hält. Das Verflechten der Zöpfe ist sowohl hocherotisch als auch spirituell, ist aber kein Zeugungsakt.

BABYTRAGE

FUNKTION: Körpernahes Tragen von Babys

NA'VI-NAME: *Iveh k'nivi s'dir*

GRÖSSE: Unterschiedlich langer Streifen, jedoch nicht kürzer als vier Meter, um vollständiges Einwickeln zu ermöglichen

MATERIAL: Sturmbeest-Pelz, geschmeidig gegerbt und in Streifen geschnitten

Das Kleinkind wird in einem eng um den Körper des Elternteils gewickelten Pelzstreifen getragen. Die Babytrage hält das Kind warm und ermöglicht es den Eltern zu laufen, zu klettern und ihrer Alltagsarbeit nachzugehen. Sie unterstützt die Sozialisation, da sich das Kind vom ersten Tag an in direktem Blickkontakt zu den Eltern befindet und so Mienenspiel und Gestik deuten lernt. Die meisten Na'vi-Paare haben ein bis drei Kinder, doch gibt es Ausnahmen.

WÄHREND DAS IRDISCHE BEVÖLKERUNGSWACHSTUM AUSSER KONTROLLE GERÄT, HERRSCHT AUF PANDORA EIN NATÜRLICHES GLEICHGEWICHT VON LEBEN UND STERBEN.

OKTALE ARITHMETIK

BESCHREIBUNG: Na'vi-Zählsystem, das auf der Ziffer 8 basiert. Wurde entwickelt, da Na'vi an jeder Hand nur vier Finger haben

FUNKTION: Nutzung im Alltag für Nahrungsmittelversorgung, Materialien, Jagd

Menschen benutzen das Dezimalsystem auf der Grundzahl 10, also 0, 1, 2, 3 bis 9. Stellt man dieselben Ziffern links davor, lässt sich ein zehnfach höherer Wert ausdrücken: 10, 11, 12 usw.; stellt man sie in einer dritten Reihe davor, lässt sich so ein 100fach höherer Wert ausdrücken usw.

Die Na'vi kennen auch Fingergedichte wie »Das ist der Daumen...«, nur werden nicht Pflaumen vom Baum gepflückt, sondern süße kirschähnliche Früchte.

Beispiel: **2475** = (2 x 1000) + (4 x 100) + (7 x 10) + (5 x 1) = 2000 + 400 + 70 + 5 = 2475

Die oktale (auf der Zahl 8 basierende) Na'vi-Zählweise besteht aus den Ziffern **0, 1, 2, 3, 4, 5, 6** und **7.** Stellt man dieselben Ziffern links davor, ergibt sich ein achtfach höherer Wert; in der dritten Reihe links davor ergibt sich ein 64fach höherer Wert (8 x 8) usw.

Beispiel: **2475** = (**2** x 512) + (**4** x 64) + (**7** x 8) + (**5** x 1) = 1024 + 256 + 56 + 5 = 1341.

Im Frühstadium ihrer Sprachentwicklung konnten die Na'vi Zahlen über 16 (vofu) nicht ausdrücken. Dies entsprach der Summe der Finger und Zehen ihres Körpers. Was darüber lag, wurde einfach pxay (viele) genannt.

Die oktale und die dezimale Zählweise werden oft verwechselt; sie sind nur zu unterscheiden, wenn die Ziffern 8 oder 9 vorkommen.

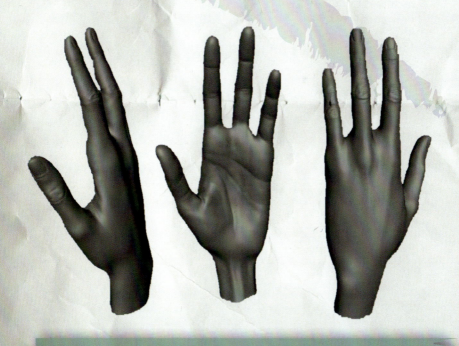

Altes Schulhaus: RDA-Bildungszentrum für Na'vi im Dschungel, 2,25 Kilometer nordöstlich vom Höllentor. Fokussiert auf Englischunterricht für Na'vi-Kinder. Zugänglich für Panzerfahrzeuge, Samsons und Avatars zu Fuß.

HEIMATBAUM

FUNKTION: Spirituelle und physische Heimat des Omaticaya-Stamms

NA'VI-NAME: *Kelutral*

GRÖSSE: Höhe über 325 Meter; Durchmesser ca. 57 Meter; Basis 122 Meter

Auf Pandora leben Hunderte Stämme verstreut. Manche Clans, wie die Omaticaya, leben in riesigen Bäumen, die zwei- bis dreimal höher werden als die größten Riesenmammut, die es früher an der Pazifikküste Nordamerikas gab. Der Umfang eines Heimatbaums ist so groß, dass darin Dutzende Stammesmitglieder wohnen können. Der Baum weist zahlreiche Höhlen und Nischen auf, in denen die Na'vi schlafen, essen, weben, tanzen und ihre Verbindung mit Eywa feiern. Wie viele andere heilige Stätten steht auch der Heimatbaum auf einer großen Unobtanium-Lagerstätte.

Als Teil des Initiationsritus erhalten junge Omaticaya-Jäger das Recht, aus einem Heimatbaum-Zweig einen Bogen zu schnitzen.

BLASENLATERNE

FUNKTION: Beleuchtung von Na'vi-Dörfern und Alltags-Lichtquelle

NA'VI-NAME: *Tmi nat'sey* oder »Essen hier«

GRÖSSE UND GEWICHT: Höhe ca. 1 Meter, Gewicht 0,5 Kilogramm

MATERIAL UND BAUWEISE: Sie wird aus der Blase oder anderen dünnwandigen inneren Organen großer Tiere konstruiert. Organe werden getrocknet und mit Faden oder Lederriemen vernäht; ihre Innenseite enthält einen Nektar, der ein Glühinsekt anlockt. Die Insekten wiederum locken weitere Artgenossen an, so dass die Leuchtkraft der »Laterne« erhalten bleibt und sogar ständig zunimmt

Obwohl die Na'vi nachts sehr gut sehen können, genießen sie das beruhigende Glühen der Laternen im Heimatbaum.

HEIMATBAUM-GESÄNGE

FUNKTION: Rhythmische Begleitung von Heimarbeit; Unterhaltung am Lagerfeuer

NA'VI-NAME: *Kelutral tìrol* oder »Heimatbaum-Gesänge«

AUSFÜHRUNG: Verschiedene

Die Na'vi haben keine eigene Musiklehre; weder analysieren noch kodifizieren sie ihre musikalischen Schöpfungen. Manche Gesänge werden ihnen im Schlaf, auf einsamen Wanderungen oder während ihrer Bewusstseinsverbindung mit Pandora durch ihre Zöpfe eingegeben. Sie erheben keine Urheberrechte; die Lieder gehören allen.

Im Unterschied zu irdischen Eingeborenenvölkern singen Männer und Frauen gemeinsam Lieder, in denen es um Heim- und Herdaktivitäten geht, etwa Weben, Kochen, Kindererziehung, Kinderspiele. Vorsänger sind Väter oder Frauen mit Kindern. Ihr Stimmumfang ist groß und beträgt bis zu drei Oktaven. Viele Lieder enthalten überlappende oder kanonartige Sequenzen, jedoch mit unterschiedlichen Tempi und Rhythmen. (Ihr Musikstil erinnert an die »Heterophonie« in den östlichen Musiktraditionen der Erde.)

Diese theoretischen Informationen beruhen allerdings nur auf Beobachtungen durch irdische Xenomusikologen. Von Na'vi-Seite gibt es keinerlei musiktheoretische Erklärungen. Für sie ist Eywa die einzig mögliche theoretische Grundlage, und sie sprechen ungern mit Außenstehenden über ihre Musik. Sie halten das Studium der Musik für eine frivole Beschäftigung.

DIE BLAUE FLÖTE

FUNKTION: Schutzgeist, wird nur bei den heiligsten Festen gespielt

NA'VI-NAME: *Omati s'ampta*

GRÖSSE UND GEWICHT: Länge ca. 3 Meter, Gewicht 18 Kilogramm

MATERIAL UND BAUWEISE: Ausgehöhlter Heimatbaumast; ein einziges Griffloch nahe dem Mundstück

Obwohl sich die Omaticaya »Stamm der Blauen Flöte« nennen, handelt es sich dabei vermutlich nicht um eine Flöte und sie wird auch nicht als Musikinstrument verwendet. Es gibt nur ein einziges Exemplar, das sorgfältig im Innern des Heimatbaums verwahrt wird. Es dient als Schutzgeist und ist die Verkörperung des Bandes zwischen den Na'vi und ihrem Baum; entsprechend lang ist ihre Tradition. Sie besitzt zwar ein Griffloch, ist aber eher mit dem Alphorn vergleichbar. Der Überlieferung zufolge schuf Eywa die Blaue Flöte aus einem Zweig des Heimatbaums und übergab sie den Omaticaya. Sie soll dem Stamm die Verbindung mit ihr und den Geistern der Ahnen ermöglichen. Offenbar wird sie nur bei den feierlichsten Anlässen gespielt; nur der olo èyktan (der männliche Stammesführer) darf sie spielen.

DIE BLAUE FLÖTE VON NEYTIRIS STAMM IST EINE ANOMALIE UNTER DEN NA'VI-STÄMMEN. SIE GEHÖREN ZU DEN WENIGEN NA'VI-GRUPPEN, DIE IN IHRER MUSIK EIN REIN MELODISCHES INSTRUMENT VERWENDEN.

BLAUE FLÖTE

NA'VI-MUSIK BASIERT AUF EINER VEREINFACHTEN FÜNFTONSKALA. OBWOHL SIE MELODISCH RUDIMENTÄR IST, BERUHT SIE DOCH AUF EINEM HOCH ENTWICKELTEN RHYTHMUS, ZU DEM AUCH KOMPLIZIERTE TAKT- UND ZEITSTRUKTUREN GEHÖREN, DIE DEN UMLAUFMUSTERN DER HIMMELSKÖRPER IHRES SONNEN-SYSTEMS NACHEMPFUNDEN SIND.

FÜR DIE GRÖSSE DES INSTRUMENTS SIND DIE TÖNE RECHT HOCH, DENN AUFGRUND DER GERINGEREN LUFTDICHTE BREITEN SICH VIBRATIONEN SCHNELLER AUS, SODASS SCHNELLERE SCHWING-UNGEN UND EINE GRÖSSERE TONHÖHE ENTSTEHEN ALS AUF DER ERDE.

(Scale)

Kein menschlicher Forscher oder Avatar hat jemals die Flöte zu sehen bekommen.

Hängematten

Funktion: Schlafen, Festigung der Stammesgemeinschaft

Na'vi-Name: *Eywa k'sey nivi'bri'sta* oder »Eywa wiegt alle in den Schlaf«

Grösse: Verschieden, abhängig von der Verwendung als Schlafstelle für Einzelne, Paare oder Familien

Material und Bauweise: Seile, Schnüre und dicke Webmatten, die gewöhnlich aus Palmblattstängeln geflochten werden. Eine große Mittelmatte wird mit Schmuckmustern gewoben und an Seilen und Schnüren befestigt, die dann zwischen die Äste und Zweige des Heimatbaums gespannt werden

Die Na'vi schlafen vorzugsweise in Großgruppen, die ihnen Nähe und Geborgenheit geben, aber auch als Frühwarnsystem dienen. Familien schlafen zusammen auf großen Hängematten, die nicht nur kunstvoll verziert sind, sondern auch besonders stark und zugleich flexibel konstruiert werden. In der Alltagssprache wird die Familienmatte auch einfach als »Wir« bezeichnet.

Gelegentlich schlafen Stammesangehörige auf kleineren Matten auch allein oder nur mit dem Partner. Das wird akzeptiert, solange das Mitglied nach relativ kurzer Zeit wieder in die Schlafgruppe zurückkehrt. Da sie feinfühlig aufeinander eingestimmt sind, dient das Schlafarrangement auch als Barometer der emotionalen Befindlichkeiten in der Gruppe. Schläft ein Mitglied längere Zeit abseits von der Gruppe, wird dies als Zeichen für Kummer oder Leid angesehen.

Aufgrund der hohen Kunstfertigkeit haben die Hängematten eine Nutzungsdauer von bis zu 20 Erdjahren. Die Familienältesten beschließen, wann eine neue Matte benötigt wird. Die Anfertigung einer Matte dauert mehrere Monate, eine Arbeit, die sowohl von der Familie als auch vom gesamten Stamm mit großer Begeisterung aufgenommen wird und zu der alle beitragen. Besonders zeitaufwendig ist die Materialbeschaffung. Die Fertigung selbst ist ein eher formaler und nüchterner Vorgang.

Nähert sich die Matte der Vollendung, finden mehrere Zeremonien statt, um das Ende der harten Arbeit zu feiern. Die Abnahme der alten und die Befestigung der neuen Matte erfolgt im Rahmen einer Feier, bei der die alte Matte in ernster, ehrfürchtiger Weise auf einem Scheiterhaufen verbrannt wird. Am Ende der Feier lädt die Familie den Stamm zu einem Festessen mit Tanz ein, um den Augenblick der Erneuerung zu ehren.

DIE NA'VI SPÜREN VERBUNDENHEIT UND
GEMEINSCHAFTSSINN, DIE IN UNSEREM
ISOLIERTEN HIGHTECH-ELEND
LÄNGST VERLOREN GEGANGEN SIND.
ZUMINDEST SOLLTEN WIR WIEDER
LERNEN, EINANDER ZU VERTRAUEN,
AUCH WENN ALLE ANZEICHEN DAGE-
GEN SPRECHEN.

WEBSTUHL

FUNKTION: Weben von Stoff, Hängematten, sonstigen Matten, Hänge-schmuck

NA'VI-NAME: *Ulivi mari'tsey mak'dini'to*

GRÖSSE UND GEWICHT: Unterschiedlich, abhängig von Art und Größe des Webstücks

MATERIAL UND BAUWEISE: Rahmen aus Seilen und Holz, wird zwischen Heimatbaum-Äste gespannt und am Boden mit einfachen Holzklammern festgezurrt

Während sich andere Na'vi-Clans auf Schnitzarbeiten oder Töpferei spezialisieren, sind die Omaticaya für ihre farbenfrohen Textilprodukte berühmt. Der Webstuhl spielt daher im Alltag des Stammes eine zentrale Rolle. Der größte Webstuhl übertrifft die Maße einer großen irdischen Orgel und nimmt einen Ehrenplatz im Gemeinschaftsbereich des Heimatbaums ein.

Das Na'vi-Wort für Webstuhl bedeutet etwa »Viele Äste zusammen sind stark«. Je nach Art des Webstücks wird es auch manchmal mit »Eywas Weisheit wird uns allen zuteil« übersetzt. Die Anrufung Eywas weist auf die Bedeutung des Webstuhls für die Na'vi-Kultur hin. Zugleich ist es eine zutreffende Beschreibung von Eywa, die als eine Art kosmische Weberin die unterschiedlichen Elemente Pandoras zu einem harmonischen Ganzen zusammenfügt.

Weber singen bei der Arbeit oft den folgenden Gesang.

WEBERLIED

Der Rhythmus von Regen und Sonne	Tompayä kato, tsawkeyä kato
von Tag und Nacht	Trrä sì txonä,
der Rhythmus all der Jahre	S(i) ayzìsìtä kato,
und das Schlagen der Herzen	Sì ekong te'lanä,
erfüllt mich	Te'lanä le-Na'vi
erfüllt mich.	Oeru teya si,
	Oeru teya si.
Ich webe den Rhythmus	Katot täftxu oel
in blau und gelb	Nìean nìrim,
den Rhythmus der Jahre	Ayzìsìtä kato,
die Spirale des Lebens	'Ìheyu sìreyä,
die Spirale des Lebens	'Ìheyu sìreyä,
des Lebens der Na'vi	Sìreyä le-Na'vi,
erfüllt mich	Oreu teya si
erfüllt mich.	Oreu teya si.

ICH HABE IHRE MUSIK GEHÖRT. ICH HÖRE SIE NOCH IMMER IN MEINEN TRÄUMEN – SANFT UND WEICH UND DURCHDRUNGEN VON EINER STILLE, DIE DEM DISSONANTEN LÄRMEN UNSERER IRDISCHEN TAGE VÖLLIG ENTGEGENGESETZT IST.

FEUERSTELLE

FUNKTION: Nahrungszubereitung

NA'VI-NAME: *Mreki u'lito*

GRÖSSE: Ungefähr 3 bis 5 Meter lang

MATERIAL UND BAUWEISE: Große Steine umranden eine lang gestreckte Grube. Brennholz wird vor Gebrauch verkohlt. Durch die schmale Bauweise können Quersteine über Grube gelegt werden

NA'VI-FEUERSTELLE

GRUBE MIT STEINUMRANDUNG
UND QUERSTEINEN

DRAUFSICHT

SEITENANSICHT

FLACHE STEINE
BILDEN SCHALE FÜR GLUT

GESAMTE NAHRUNG DES STAMMES WIRD NACHEINANDER
ZUBEREITET; FEUER WIRD STÄNDIG GEPFLEGT UND ERHALTEN
GESTAMPFTE, FEUCHTE ERD- UND LEHMBÄLLEN SCHÜTZEN
HEIMATBAUM VOR HITZE

Packed, wet earth insulates Hometree from pit's heat.

Wie die alten Lagerfeuer der Menschheit dienen auch die Na'vi-Feuerstellen als Versammlungsorte. Die Kinder wachsen mit der Wärme des Feuers auf und lauschen den Geschichten der Ahnen. Am Feuer werden nicht nur ernste Gespräche geführt: Es wird geklatscht und über die klägliche Beute mancher Jäger gespottet. Der Überlieferung zufolge wurde das Feuer über Generationen hinweg am Leben erhalten, und sei es nur als Glut. Ob richtig oder nicht, es zeigt, dass es als schweres Versäumnis gilt, wenn das Feuer nicht bereit ist, um eine gute Jagdbeute sofort aufzunehmen. Denn für die Na'vi ist es wichtig, das Tier zu ehren, das sein Leben für den Stamm hingab. Ein fast erloschenes Feuer ist ein Hinweis, dass es an Achtung gegenüber dem Tier und dem Jäger fehlt.

Blatt-Tablett

Funktion: Tablett zum Transport von Trinkschalen bei Zeremonien und Stammesfeiern

Na'vi-Name: *Sumin jiit'luy* oder: *ulutah inib'sey mulsi*

Grösse und Gewicht: Ungefähr 1 Meter lang (Na'vi-Schulterbreite)

Material und Bauweise: Schalen, Panzer und Knochen von Tieren, Blätter, Holz, Schilf, Zweige und Schnüre werden zu einer breiten, flachen Schale geformt

Den Umgangsformen und der Tradition der Na'vi zufolge werden solche Tabletts bei Ritualen oder Versammlungen unter allen Teilnehmenden herumgereicht. Darauf stehen Trinkschalen mit leicht berauschenden Getränken. Man darf jedoch keine Trinkschale selbst vom Tablett nehmen, sondern das Tablett wird dem Nachbarn hingehalten, der eine Trinkschale nimmt und vor dem Tabletthalter niederstellt. Erst jetzt darf aus der Schale getrunken werden. Manchmal werden die Gefäße auch von Kindern vom Tablett genommen und offeriert.

Die Na'vi sind eine würdevolle und zivilisierte Rasse mit hoch entwickelten Umgangsformen. Die RDA ist jedoch aus strategischen Gründen darauf aus, diese edlen Geschöpfe zu »entmenschlichen« und als »Wilde« zu präsentieren, um ihre Zwangsumsiedlung politisch leichter rechtfertigen zu können. Die Na'vi sind jedoch menschlicher und auf jeden Fall »humaner« als die meisten RDA-Bosse.

REGAL FÜR PERSÖNLICHE BESITZTÜMER

FUNKTION: Aufbewahrungsort für persönliche Gegenstände, darunter Kleidung, Schmuck, Werkzeuge

NA'VI-NAME: *P'ah s'ivil chey* oder einfach *chey*

GRÖSSE UND GEWICHT: Breite ca. ein Meter, Höhe ca. 75 Zentimeter; Gewicht hängt von Zahl und Größe der Steine ab, die das Gestell stabilisieren

MATERIAL UND BAUWEISE: Geschnitztes Hartholz, das mit Lederriemen verbunden ist, oft mit Muscheln und Steinen verziert

Der Tradition zufolge darf ein(e) Na'vi das Regal nicht selbst bauen, sondern es wird ihm/ihr von einem Familienmitglied oder Freund geschenkt. Die Herstellung kostet viele Stunden Arbeit; dies gilt als Ausdruck der familiären Liebe oder Freundschaft. Das Ritual soll auch den inneren Zusammenhalt des Clans stärken.

ZEREMONIALBOGEN

FUNKTION: Zeremonialgerät, aber auch jagdtauglich

GRÖSSE UND GEWICHT: Länge 2,9 Meter; 3,7 Kilogramm

MATERIAL UND BAUWEISE: Gebogenes Heimatbaumholz, tierische Darmsehne

BESCHREIBUNG: Der geschwungene Bogen wird vor allem von Stammesältesten bei Zeremonien getragen, ist aber ein (kunst-)handwerkliches Spitzenprodukt und daher auch für Jagd oder Kampf geeignet. Der abgebildete Bogen wurde zu Ehren des Schreckenspferdes gestaltet. Solche Bögen werden von einer Generation zur nächsten vererbt und gelten als mächtige Symbole für Überlebenswillen, Kontinuität und Tradition

DER ABGEBILDETE BOGEN KÖNNTE AUCH VON IRDISCHEN BOGENBAUERN NICHT BESSER KONSTRUIERT WERDEN. UNSERE HÄNDE SIND UNGELENK UND UNTRAINIERT; WIR MÜSSTEN LANGE ÜBEN, BIS WIR WIEDER GEGENSTÄNDE VON SOLCHER FEINHEIT VON HAND HERSTELLEN KÖNNTEN. ICH HABE HOLZABFÄLLE UND EINE DARMSEHNE GESTOHLEN, UM EINEN BOGEN ZU BAUEN. WARUM VERSUCHST DU ES NICHT AUCH?

KRIEGSTROMMEL

FUNKTION: Rhythmusinstrument bei Kriegstänzen, Warnsignal

GRÖSSE UND GEWICHT: Höhe 3 Meter, Durchmesser 4 Meter, Gewicht ca. 75 Kilogramm

MATERIAL UND BAUWEISE: Rahmen aus Ästen und Zweigen, auf beiden Seiten mit Hexapede-Leder bezogen. Wird mit Wasser gefüllt. Schlagstock aus glatt geschmirgeltem Aststück von Baseballschläger-Größe

Unterschiedliche Schlagrhythmen übermitteln Warnsignale bei bestimmten Gefahren. Die Trommel wird auch bei rituellen Tänzen vor einem Kampf verwendet. Sie wird jederzeit greifbar in einer Nische im Gemeindebereich des

Heimatbaums aufbewahrt. In die Trommel wird ein kleiner Zweig des Heimatbaums gelegt; er symbolisiert die Kostbarkeit der Ressourcen, um die der Stamm kämpft.

Das Wasser in der Trommel dient als Verstärker; das Geräusch ist laut genug, um alle Na'vi im Umkreis von sechs Kilometern vor der Gefahr zu warnen. Beim Trommeln wird das Wasser gegen die Bespannung gepeitscht; das Geräusch wird dadurch nicht nur verstärkt, auch die Tonhöhe lässt sich variieren.

Manche Rhythmen kennzeichnen die Art der Gefahr, andere deuten die Richtung an, aus der sie sich nähert. Ein bestimmter Rhythmus wird getrommelt, wenn sich ein Na'vi in Lebensgefahr befindet und Hilfe benötigt. Die Kinder erlernen die verschiedenen Rhythmen von frühester Kindheit an.

Nach dem Einfall der Menschen auf Pandora mussten die Na'vi einen neuen Warnrhythmus erfinden. Forscher fanden heraus, dass diese Warnung vor Menschen auf dem reichlich abfälligen Na'vi-Wort skx'awng beruht. Es bedeutet »mit Blindheit Geschlagene« oder schlicht »Schwachköpfe«.

WIR HABEN ZWAR DEN GENETISCHEN CODE ENTSCHLÜSSELT, ABER DIE SUBTILEN BOTSCHAFTEN EINER NA'VI-TROMMEL KÖNNEN WIR IMMER NOCH NICHT VERSTEHEN. KÖNNTE MAN VIELLEICHT FÜR VERSCHLÜSSELUNG VON BOTSCHAFTEN VERWENDEN.

3 DIE FAUNA PANDORAS

Schönheit und Grausamkeit der pandoranischen Fauna erfreuen und verblüffen die Menschen bis heute. So verliert zum Beispiel der Slinger buchstäblich den Kopf auf der Jagd; die riesige, quallenartige Medusa treibt wie ein verirrter Heißluftballon im Wind dahin, und der Thanator wäre in unserer Kreidezeit leicht mit einem »T-Rex« fertiggeworden.

Die Knochen aller pandoranischen Tiere sind durch natürliche Kohlefasern verstärkt. Viele sind durch ein extrem leistungsfähiges Atemsystem an die Atmosphäre Pandoras angepasst, bei dem die Luft durch eine Körperöffnung ein- und durch eine andere ausgeatmet wird.

Das Leben auf Pandora ist, vom Einzeller bis zum hochintelligenten Na'vi, so vielfältig wie das der vorindustriellen Erde. Einige Lebewesen gleichen ausgestorbenen irdischen Tieren so sehr, dass sie, wie einer unserer Wissenschaftler sagte, wie ein »Fenster in unsere biologische Vergangenheit« sind. Tatsächlich sind wir genauso erstaunt über das, was ähnlich ist (Rudelverhalten, Pflanzenfresser und Fleischfresser, Struktur der Nahrungskette), wie über das, was fremd ist (die neuronale Verbindungsmöglichkeit zwischen Na'vi und Tier, die allgegenwärtige Biolumineszenz). Nachdem unsere Raubtiere fast völlig ausgestorben sind, haben wir eine kindliche Freude an scharfen Klauen und Chitinpanzern, messerscharfen Zähnen und sogar tödlichen Neurotoxinen.

Für die wenigen Wissenschaftler, die nach Pandora kamen, ist die Erforschung dieser Geschöpfe die Krönung ihrer Karriere. Und den Rest von uns erfüllt es mit Hoffnung, dass es sie noch gibt.

Arachnoid

Allgemeiner Name: Arachnoid (»Spinnentier«)

Na'vi-Name: *Kali'weya*

Wissenschaftlicher Name: *Scorpiosista virosae* (»Giftiger Skorpion«)

Lebensraum: Regenwald, auf eine bestimmte Klimazone von Australis beschränkt. Andere Arten in allen Regionen Pandoras ohne intensiven Vulkanismus

Anatomie: Verlängerter Thorax mir drei zweigliedrigen Beinpaaren. Gleicht dem terrestrischen Skorpion. Schwanz mit zwei Stacheln zur Injektion eines Neurotoxins

Ernährung: In der Regel Insekten, aber bisweilen auch kleine Nagetiere oder Vögel

Grösse: Bis 18 Zentimeter

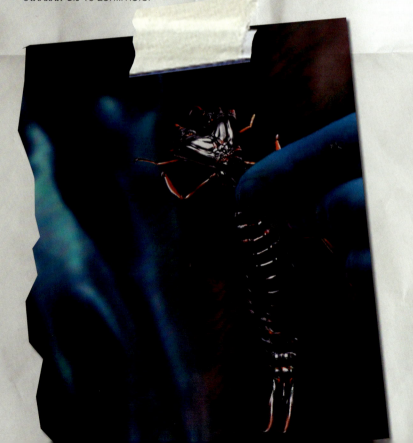

Es gibt Hunderte arachnoidenähnliche Arten auf Pandora. Nur wenige haben jedoch ein psychoaktives Gift, und nur der Kali'weya wird beim Uniltaron (der Traumjagd) benutzt.

Für das Initiationsritual muss der oder die künftige Krieger(in) einen Arachnoiden fangen und ihn in einem eigens angefertigten Steingefäß aufbewahren. Beim Initiationsritus lässt er oder sie sich dann von ihm stechen. Dies löst traumartige Halluzinationen aus, durch die man nach Ansicht der Na'vi seine Bestimmung und sein Seelentier erkennt.

Männliche Arachnoiden haben eine dunkelviolette und schwarze Zeichnung, bei Weibchen ist sie dunkelviolett und rot. Die Tiere sind schwach biolumineszent mit zwei Leuchtstreifen am Abdomen.

Trotz ihres furchterregenden Äußeren sind sie sehr scheu. Manchmal suchen sie in den Körben der Na'vi und selten sogar im raffinierten Gewebe ihrer Hängematten Schutz.

Um effektiv zu stechen, müssen sie den Thorax aufrichten, damit sich der Giftsack in die Kanäle der Giftstachel entleert. Bei der Traumjagd führen die Ältesten den Stich herbei, indem sie das Tier auf die Haut des künftigen Kriegers setzen. Der Stich ist äußerst schmerzhaft und unbehandelt für die meisten Na'vi tödlich. Auch beim Uniltaron hat es, wenn auch nur selten, schon Todesfälle gegeben.

Die Na'vi haben aus dem Octoshroom, einem Pilz, ein wirksames Gegengift entwickelt, das offenbar die Alkaloide im Gift des Arachnoiden neutralisiert. (Versuche, um Verwendungsmöglichkeiten auf der Erde zu testen, sind bereits im Gange.) Viele pandoranische Kreaturen sind gegen das Gift immun und können den Arachnoiden ohne schädliche Nebenwirkungen fressen, was eine Erklärung für sein eher ängstliches Wesen sein dürfte.

DIE VERWENDUNG DES GIFTES IN RITUALEN ÄHNELT DEN
INDIANERKULTUREN IN NORD- UND SÜDAMERIKA: DIE SUCHE NACH
BESTIMMUNG UND DEM SEELENTIER IST UNIVERSAL.
   MÜSSEN DAFÜR SORGEN, DASS DIE NA'VI NICHT DAS
GLEICHE SCHICKSAL WIE DIE ALTEN LAKOTA ODER HOPI
ERLEIDEN. DIE RDA IST AN KLINISCHEN VERSUCHEN ÜBER
DIE BEWUSSTSEINSVERÄNDERNDEN EIGENSCHAFTEN DER
ARACHNOIDEN BETEILIGT, MIT DEM ZIEL, DIE ANFÄLLIGKEIT
FÜR HYPNOSE UND DEREN EINSATZ IN DER BEFEHLSKETTE
ZU ERFORSCHEN, UM DEN GEHORSAM IHRER SÖLDNER UND
SICHERHEITSKRÄFTE ZU VERBESSERN.

STEINGEFÄSS

FUNKTION: Wird bei Ritualen, insbesondere beim Uniltaron verwendet

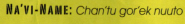

NA'VI-NAME: *Chan'tu gor'ek nuuto*

GRÖSSE UND GEWICHT: Höhe 25 Zentimeter, etwa 2 Kilogramm

MATERIAL UND BAUWEISE: Gefäß und Deckel aus behauenem Stein der Region. Der Deckel wird mit einem Geflecht aus Schilfgras auf dem Gefäß bef-estigt. Gefäss enthält einen kleinen, giftigen Arach-noiden

Kürbistrommel

FUNKTION: Einsatz bei Geselligkeiten und Ritualen, darunter auch dem Uniltaron

GRÖSSE UND GEWICHT: Unterschiedlich, bis zu 90 Kilogramm

MATERIAL UND BAUWEISE: Holz, Farbe, gewebtes Material, Leder, Seil, Kürbis, Wasser. Halbkugelförmige, schwimmende Trommel aus einem halbierten Kürbis, der in einem größeren wassergefüllten Kürbis schwimmt

Bioluminoszentes Material schimmert durch die Bespannung.

Die Trommel gleicht der *jícara de agua* aus Mexiko. Der halbierte schwimmende Kürbis wird mit einem hölzernen Trommelstock geschlagen.

Ein besonderes Element der pandoranischen Kürbistrommel ist eine zusätzliche Vorrichtung: Ein Loch in der Wand des großen Kürbises ist mit einer Sturmbeestblase bespannt, einem sehr elastischen und reißfesten Material. Während der Trommler den schwimmenden Kürbis schlägt, drückt er auf die Blase. Dadurch steigt der Wasserspiegel in der Trommel, und die Tonhöhe des Trommelschlages verändert sich kaum merklich.

Während des Uniltaron wird die Trommel in einem konstanten schnellen Rhythmus geschlagen und zugleich wird die Blase gedrückt, was einen dröhnenden Klang mit mikrotonalen Schwankungen erzeugt. Der Klang ähnelt dem Gesang der Männer bei den Festen der Na'vi und repräsentiert für sie den Geist Eywas.

GLÜHWÜRMER

ALLGEMEINER NAME: Glühwurm

NA'VI-NAME: *Eltungawng* (»Gehirnwurm«)

WISSENSCHAFTLICHER NAME: *Arachnolumera nitidae*
(»leuchtender Glühwurm«)

LEBENSRAUM: Verrottete Regenwaldflora

ANATOMIE: Zylindrische biolumineszente Wirbellose;
keine Extremitäten

ERNÄHRUNG: Verrottete Pflanzen und Pilze

GRÖSSE: 8 bis 15 Zentimeter

Der Wurm enthält ein psychoaktives Alkaloid,
das in Kombination mit dem Gift des Arachnoiden Halluzinationen verursachen kann.
Die Na'vi verwenden die Würmer aus einem
bestimmten weidenartigen Baum für das Uniltaron. Sie glauben, dass die Würmer aus diesem »heiligen Baum« dem künftigen Krieger
wichtige Informationen vermitteln können.

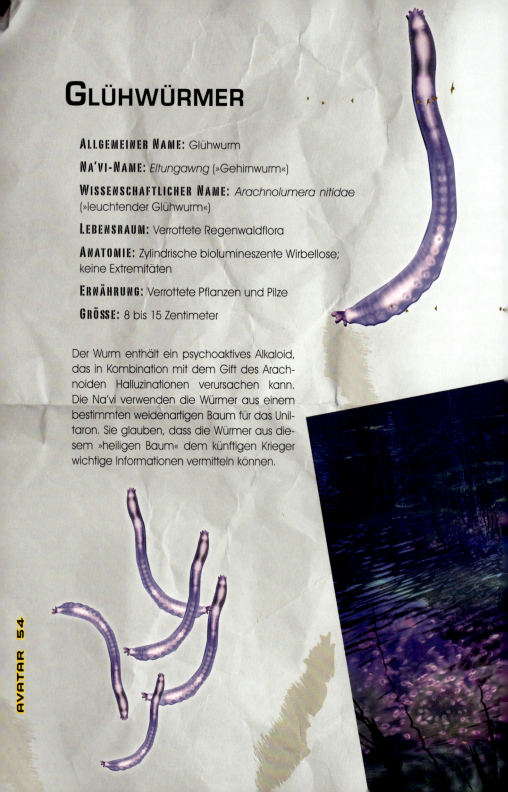

ANEMONOID

ALLGEMEINER NAME: Anemonoid

WISSENSCHAFTLICHER NAME: *Cataracta* (»Wasserfall-Anemonoid«)

LEBENSRAUM: Teiche und Seen

ANATOMIE: Wirbelloses Tier mit kleinen giftigen Tentakeln für die Beutejagd. Bioluminesziert in Myriaden verschiedener Farben

ERNÄHRUNG: Kleine Fische werden durch die Biolumineszenz in die Reichweite der Tentakeln gelockt

GRÖSSE: Bis zu 2 Meter im Durchmesser

BIOLUMINESZENZ

BESCHREIBUNG: Lichterzeugung durch Lebewesen, entweder durch chemische Reaktionen im eigenen Körper oder durch symbiotisch mit ihnen lebende Organismen

FUNKTION: Ist bei den Pflanzen und Tieren Pandoras weit verbreitet, damit sie auch in den wenigen wirklich dunklen Nächten zurechtkommen

Völlige Dunkelheit ist auf Pandora selten. Der große Mond kreist um einen gigantischen Gasplaneten, der wiederum einen stellaren Begleiter hat. Aufgrund dieser ungewöhnlichen Verhältnisse wird es auf Pandora nur an wenigen Tagen völlig Nacht. Deshalb bestand für die Tierwelt kaum evolutionärer Druck, eine gute Nachtsicht, Echolotung, »Infrarotsensoren« oder andere Methoden des nächtlichen »Sehens« zu entwickeln.

Einige Wissenschaftler vertreten die Theorie, dass die pandoranische Natur für die Lebensformen einen anderen Weg gefunden hat, sich gegenseitig zu lokalisieren und zu identifizieren: Biolumineszenz, die Produktion von »kaltem Licht« durch lebende Organismen, wird von fast allen pandoranischen Lebewesen eingesetzt, um bei fehlender äußerer Beleuchtung ihre Gestalt und ihren Aufenthaltsort anzuzeigen.

Selbst die Na'vi haben ein Muster leuchtender Punkte auf der Haut, das, wie ein Fingerabdruck, bei jedem Na'vi verschieden ist.

Die meisten pandoranischen Pflanzen und Tiere leuchten einfarbig, oft grün oder blau. Die Blätter des Federhaubenfarns (Bellicum pennatum) haben in der Nähe des Stils ein breites rotes Band. Es gibt auch biolumineszentes Moos, das mit Ringen aus blaugrünem Licht reagiert, wenn man es betritt, ähnlich wie die Wasserringe in einem Teich.

Die ersten menschlichen Forscher empfanden Ehrfurcht angesichts des Schauspiels. Spätere Ankömmlinge von der RDA sahen darin allerdings nur die Möglichkeit, es in Form von exotischem Schmuck und anderen Geschäftsideen auszubeuten.

Allgegenwärtig. So stark, dass sie aus Raumfahrzeugen in der Umlaufbahn sichtbar ist. Unterschiedliche biolumineszente Muster ermöglichen den Na'vi die nächtliche Identifikation eines Clanmitglieds auf bis zu 20 Meter.

KÜNSTLICHE ›BIOLUMINESZENTE‹ MARKIERUNGEN FASSEN IN UNSERER KULTUR FUSS UND SIGNALISIEREN EINE ART KULTGEMEINSCHAFT. HÜTET EUCH VOR AGENTEN DER RDA MIT BIOLUMINESZENTEN TÄTOWIERUNGEN, DIE GRUPPEN JUNGER TERRANER INFILTRIEREN. SIE SUCHEN NACH INFORMATIONEN ÜBER DIE BEWEGUNG UND REGISTRIEREN DIE DATEN MUTMASSLICHER MITGLIEDER.

TETRAPTERON

ALLGEMEINER NAME: Tetrapteron

LEBENSRAUM: Feuchtgebiete, Seen, Flüsse und Baumkronendach. Häufiger an Binnengewässern, aber auch in Meeresnähe und im Regenwald

ANATOMIE: Zwei Flügelpaare, Doppelschwanz. Großer Schnabel mit glasartigen Zähnen

ERNÄHRUNG: Lufträuber, Fischfresser

GRÖSSE: Durchschnittliche Flügelspannweite bis zu 1,5 Meter

ANMERKUNG: Kann bis zu 8 Stunden ohne Pause fliegen

Der Tetrapteron ist ein flamingoartiger Vogel, der fast irdisch wirkt, bis man die vier Flügel bemerkt. Ungewöhnlich ist auch sein Doppelschwanz, mit dem er im Flug und bei der Landung seinen Körper ausbalanciert.

Es gibt zwei Arten von Tetrapterons: Wassertiere und Baumtiere. Beide Arten sehen ähnlich aus, aber die Wassertiere haben längere Hälse und Beine für das Leben im Feuchtgebiet. Der Tetrapteron hat eine hervorragende Fernsicht und kann aus einer Höhe von 45 Metern Bewegungen über eine Strecke von nur 1,25 Zentimetern erkennen. Er jagt in der Regel in Schwärmen.

Er ist offenbar sowohl auf der Jagd als auch in Gemeinschaft das kooperativste Geschöpf Pandoras. Zwar haben viele Raubtiere auf Pandora eine ausgeprägte Brutpflege, aber keines versorgt seine Jungen aufmerksamer und länger.

Berg-Ikran

Allgemeiner Name:
Berg-Ikran oder Berg-Banshee
(Banshee = »Todesfee«)

Na'vi-Name: *Ikran*

Lebensraum: Bergregionen einschließlich der Halleluja-Berge

Anatomie: Lederartige Hautflügel mit Knochenskelett. Großes, extrem weit zu öffnendes Maul. Flügelzeichnung mit komplexem Farbmuster. Obsidianartige, messerscharfe Zähne. Zwei Flügelpaare. Knochen durch biologische Kohlenstofffasern verstärkt

Ernährung: Lufträuber, jagt im Rudel

Grösse: Durchschnittliche Flügelspannweite 14 Meter

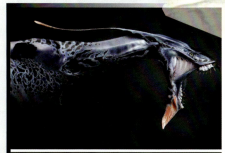

Die Verbindung mit einem Ikran ist ein notwendiger Übergangsritus für alle künftigen Na'vi-Krieger. Wie beim Schreckenspferd kann sich ein Na'vi mit einem Ikran neuronal verbinden und ihn danach anscheinend mühelos reiten. Freilich verbindet sich der Ikran, anders als das Pferd, nur einmal im Leben mit einem einzigen Na'vi.

Die Brutplätze der Ikrans liegen hoch in den Halleluja-Bergen. Der größte Brutplatz mit den größten Tieren befindet sich in den Höhlen und auf den Vorsprüngen einer steilen Felswand des Mons Veritas, eines der größten schwebenden Berge. Hierher kommen die Omaticaya, um sich einen Ikran zu erwählen (und von ihm erwählt zu werden). Das gezähmte Flugtier nistet auf einem Ast des Heimatbaums, leicht erreichbar für seinen Reiter.

Wie sein kleinerer Vetter, der Wald-Ikran, ist auch der Berg-Ikran stark an das Fliegen angepasst. Eigens entwickelte, am Brustbein befestigte Muskeln ermöglichen kräftige Flügelschläge mit großem Auftrieb. Xenobiologen studieren immer noch die Aerodynamik des Ikran. Es wird vermutet, dass

alle Flugtiere Pandoras von der niedrigeren Schwerkraft und der größeren Dichte der Atmosphäre profitieren. Diese kostet beim Flügelschlag mehr Kraft, verstärkt aber auch seine Wirkung. Allerdings ist wegen des höheren Luftwiderstands eine sehr effiziente Stromlinienform erforderlich, um hohe Fluggeschwindigkeiten zu erreichen.

Wie viele Geschöpfe auf Pandora hat auch der Ikran eine extrem starke Zellstruktur. Dank der organischen Kohlefasern sind seine Knochen viel leichter und stärker als jedes organische Äquivalent auf der Erde, weshalb er zu stärkeren Flügelschlägen mit größerem Auftrieb fähig ist.

Alle Flugtiere auf Pandora einschließlich der Ikrans haben sich, wie die fischähnliche Struktur ihres Mauls vermuten lässt, aus Wassertieren entwickelt.

Ikran-Bogen

Funktion: Bogen mit großer Reichweite, entwickelt für den Einsatz in der Schlacht durch Ikran-Reiter

Grösse und Gewicht: 3 Meter Länge, 3,4 Kilogramm

Material und Bauweise: Kompositbogen aus Horn, dekoriert mit Ikranmotiven. Der Griff besteht aus geflochtenen Fasern und ist mit pflanzlichem Leim befestigt. Die Darmsehnen sind mit Perlen verziert. Sehr leichte, an der Sehne befestigte Fäden ermöglichen es, bei einem Schuss aus dem Stand die Windrichtung zu bestimmen. Dank der kurzen Basis des Bogens kann seine Position im Sattel leicht verändert werden. Jeder zahme Ikran ist mit einem Köcher für die Pfeile ausgerüstet

IKRAN-ZOPF-GESCHIRR

FUNKTION: Geschirr, um den Zopf des Na'vi und den Fühler des Ikran zu schützen

NA'VI-NAME: *Eywa te'* [Name des Reiters] *tan'sey mak'ta*

GRÖSSE: Hängt von der Größe des Ikran und des Reiters ab

MATERIAL UND BAUWEISE: Fest verwobene, zugfeste Pflanzenfasern und Leder. Herstellung dauert mehrere Monate

Nachdem er ihn auserwählt hat, muss jeder Na'vi für seinen Ikran ein Geschirr herstellen. Es dient dazu, die Verbindung zwischen den beiden im Rücken des Reiters für den schnellen Zugriff zu sichern. Der Fühler des Ikran ist mit dem Zopf des Na'vi verbunden. Dieser umschließt den Fühler und stellt so die neuronale Verbindung her. Das Geschirr wird Eywa te' [Name des Reiters] tan'sey mak'ta genannt. Grob übersetzt: »Die Liebe von Eywas Umarmung wird dem (Name des Reiters) geschenkt.« Der Name soll ausdrücken, wie schön es ist, sich mit dem Bewusstsein eines anderen Lebewesens wie eines Ikran oder eines Schreckenspferds zu verbinden.

SPIELZEUG-IKRAN

FUNKTION: Kinderspielzeug

NA'VI-NAME: *Su'shiri t'acto sa*

GRÖSSE: Meist weniger als 40 Zentimeter Spannweite

GEWICHT: Etwa 5 Kilogramm

MATERIAL UND BAUWEISE: Biegsame Zweige und Stöcke sind zum Abbild eines Ikran verwoben, verziert mit farbiger Schnur, Zweigen und Gräsern

Jedes Kind der Na'vi hat einen Spielzeug-Ikran. Die meisten Kinder schmücken ihn zusätzlich mit Schnur und Muschelschalen. Das Spielzeug erinnert die Kinder daran, dass sie sich eines Tages mit einem lebenden Ikran verbinden werden. Es trägt dazu bei, dass sie ihre Fähigkeiten trainieren, einschließlich der Handhabung des Ikran-Fängers.

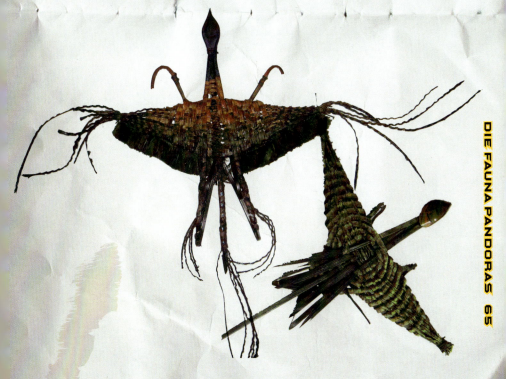

WALD-IKRAN

ALLGEMEINER NAME: Wald-Ikran oder Wald-Banshee

NA'VI-NAME: *Ikranay*

LEBENSRAUM: Regenwald, sowohl im unteren als auch im oberen Blätter-dach. Nistplätze in Felswänden und auf Tafelbergen in allen Gebirgsregionen

ANATOMIE: Obsidianartige Zähne, komplexe, vielfarbige Marmorierung auf den durchscheinenden Hautflügeln. Zwei Flügelpaare hintereinander. Knochen durch natürliche Kohlefasern verstärkt

ERNÄHRUNG: Flugräuber. Ernährt sich in der Regel von kleineren Waldtieren wie Stachelfledermaus und Prolemuris

GRÖSSE: Flügelspannweite 7 Meter

Dieser kleinere Vetter des Berg-Ikran ist ebenfalls ein gefürchteter Flugräuber, aber nicht groß genug, um einen Na'vi-Reiter zu tragen.

Er jagt in der Regel allein, wandert aber manchmal in großen Schwärmen, die in einem lockeren Verband fliegen (der Grund dafür ist noch nicht erforscht). Wie manche terrestrische Haiarten greift der Wald-Ikran manchmal auch recht große Beutetiere an, bevorzugt aber kleinere Waldtiere, es sei denn, das Beutetier ist verletzt. In diesem Fall greifen die Ikrans ebenfalls ähnlich wie Haie in Gruppen an und kämpfen manchmal auch gegeneinander, um sich ihren Anteil zu sichern.

Der Wald-Ikran hat dieselben anatomischen Vorzüge wie der Berg-Ikran: starke, mit Kohlefasern verstärkte Knochen, eine hochentwickelte Flugmuskulatur und einen steifen Rumpf als Halt für die Flügel. Bei Bedarf wird eine gelenkige Schwanzspitze entfaltet, um leichte Korrekturen an Flugverhalten oder Geschwindigkeit vorzunehmen.

Verwandt mit Stachelfledermaus und Berg-Ikran. Biolumineszente Markierungen bei nächtlichen Patrouillenflügen der RDA leicht auszumachen. Wichtigstes Beutetier des Leonopteryx.

DINICTHOID

ALLGEMEINER NAME: Dinicthoid

WISSENSCHAFTLICHER NAME: *Gargoylia macropisceae* (»Großer Fratzenfisch«)

LEBENSRAUM: Seen und trübe Sumpfgewässer

ANATOMIE: Semitransparent, mit sichtbarem Rückgrat und erkennbaren inneren Organen. Messerscharfe, dreieckige Zähne

ERNÄHRUNG: Der äußerst aggressive Raubfisch wird wegen seiner Wildheit und seines dicken Knorpelpanzers auch mit größeren Fischen fertig. Frisst aber auch Pflanzen, etwa ins Wasser gefallene Samen und Schoten

GRÖSSE: Bis zu 1 Meter lang

Bei der nächtlichen Jagd kann der Dinicthoid durch einen biolumineszenten Puls wie ein kleineres, weniger gefährliches Tier wirken, um Beute anzulocken. Er kann seine Biolumineszenz aber auch so steuern, dass er noch größer und wilder wirkt, als er ist. Mit seinen zwei großen vorstehenden Augen sieht er selbst bei gedämpftem Licht sehr weit. Er hat außerdem eine beunruhigend humanoid wirkende Gesichtszeichnung, die aus Falten auf seiner Schädeldecke besteht. Sie dient dazu, Feinde zu verwirren oder abzuschrecken.

Auf der Jagd oder auf der Flucht kann der Fisch hohe Geschwindigkeiten erreichen, indem er seine Seiten ähnlich wie ein Manta-Rochen bewegt. Er hat außerdem ein Flossenpaar am Kopf, das zu Fortbewegung und Steuerung dient.

Erstaunlich ist die Aggressivität des Fisches. Xenobiologen beobachteten kürzlich, wie ein junges Sturmbeest zum Trinken in einen kleinen Teich hineinwatete und von einer Schule hungriger Dinicthoiden unter Wasser gezogen wurde. Wegen dieses aggressiven Verhaltens wäre es verheerend, wenn der Fisch für private Aquarien auf die Erde geschmuggelt würde. Er würde dann unvermeidlich ins Abwasser- und Gewässersystem gelangen und unser ohnehin schon stark strapaziertes Ökosystem noch mehr belasten.

Gefangene Exemplare sind extrem aggressiv und schon mit voller Wucht gegen die Aquariumwand geschwommen. Trotz seiner Gefährlichkeit wird der Fisch von den Na'vi gern gegessen. Die Jagd auf ihn gilt als Zeichen von Mut.

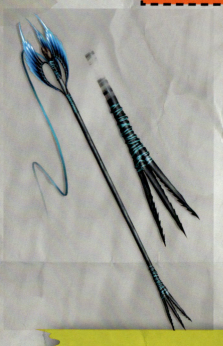

BÖSER WELTRAUMFISCH! WEHRHAFTE DINICTHOIDEN IN FORSCHUNGSAQUARIEN DER RDA GESICHTET. DIE UNTERNEHMENSKULTUR DER RDA LÄSST EINE GEWISSE GIER NACH DEN IN RDA-LABORS GEZÜCHTETEN FISCHEN ERKENNEN. DAS MITTLERE MANAGEMENT DES KONZERNS BESCHÄFTIGT INZWISCHEN TECHNIKER, DAMIT DER PH-WERT IN IHREN AQUARIEN FÜR DEN BÖSEN WELTRAUMFISCH GESUND BLEIBT.

FISCHPFEIL

FUNKTION: Jagdwaffe mittlerer Reichweite

GRÖSSE UND GEWICHT: 1,8 Meter; 0,35 Kilogramm

MATERIAL UND BAUWEISE: Dreifache Pfeilspitze aus natürlichen Samenhülsen, die aus dem Blätterdach herabfallen und sich in den Waldboden schrauben. Befiederung aus raffiniert gebundenen federartigen, gekrümmten Fasern

Eine am hinteren Ende des Pfeils befestigte Schnur verhindert, dass der Fisch wegschwimmt, wenn er getroffen ist.

SCHRECKENSPFERD

ALLGEMEINER NAME: Schreckenspferd

WISSENSCHAFTLICHER NAME: *Equidirus hoplites* (»Gepanzertes Schreckenspferd«)

LEBENSRAUM: Regenwald und Grasland, kann sich aber an die meisten pandoranischen Lebensräume anpassen. Von den Na'vi als Reittier domestiziert

ANATOMIE: Pferdeartiges Tier mit sechs Beinen, harten haarlosen Hautplatten statt Fell, langem Hals und kleinem Kopf sowie einem beweglichen, kohlenstoffverstärkten Chitinpanzer auf Schultern und Hinterseite von Kopf und Hals

ERNÄHRUNG: Allesfresser. Saugt mit seiner langen Schnauze Saft aus Pflanzen. Bevorzugte Nahrungsquelle: Schreckenspferd-Kannenpflanze. Proteinzufuhr durch im Saft gefangene Insekten. Effektiver Bestäuber

GRÖSSE: Mehr als 4,25 Meter lang, bis zu 4 Meter hoch

Das Schreckenspferd hat zwei lange, dünne Fühler rechts und links vom Scheitelpunkt des Kopfes. Sie haben federartige Spitzen, die (fast wie eine Art Seegras) ständig in Bewegung sind und mit den Fühlern anderer Pferde Kontakt aufnehmen, wenn welche in der Nähe sind. Biologen glauben, dass die Berührung mit den Fühlern den Tieren angenehm ist und Zuneigung ausdrückt, aber auch dem Informationsaustausch über Nahrungsquellen und mögliche Gefahren dient; Herden bewegen sich oft synchron, nachdem die Tiere Fühlerkontakt hergestellt haben.

Die Na'vi sind hervorragende Reiter, und das sechsbeinige Schreckenspferd ist ein schnelles und wendiges Reittier, das sehr gut an das raue pandoranische Terrain angepasst ist. Um sich mit einem Schreckenspferd zu verbinden, muss der Na'vi das Tier besteigen und seinen Zopf mit einem der beiden Fühler des Pferdes verbinden. Sobald sich Zopf und Fühler berühren, verschlingen sich die gefiederten Tentakeln an ihren Spitzen miteinander, fast als ob dies willentlich geschähe. Die treibende Kraft für diesen Vorgang ist noch nicht erforscht, aber vermutlich scheiden die Fühler ein Pheromon aus, das zu der Verschlingung anregt.

Sobald die neuronale Verbindung über den Fühler hergestellt ist, kann der Na'vi dem Pferd mental motorische Befehle übermitteln. Die Mühelosigkeit dieses Vorgangs lässt das Pferd wie einen Körperteil des Reiters erscheinen. Der Na'vi hat dadurch beide Hände frei, um auf der Jagd oder im Kampf Pfeil und Bogen zu benutzen.

Anders als die neuronale Verbindung mit einem Ikran führt die mit einem Schreckenspferd nicht zu einer lebenslangen ausschließlichen Bindung. Na'vi haben zwar ihre Lieblingspferde, aber es ist möglich und erlaubt, das Tier eines anderen Clanmitglieds zu reiten.

Das Schreckenspferd ist das perfekte Reittier für die hindernisreiche Enge des pandoranischen Regenwalds; es ist extrem wendig und reaktionsschnell und kann sehr weit springen.

Die ungezähmten Tiere bewegen sich in lockeren Herden durch den Wald. Herden von mehreren Dutzend Tieren wurden von Flugzeugen aus beobachtet. Es gibt jedoch Hinweise (Dung und andere Spuren) auf Herden von mehreren Hundert Tieren. Die Pferde sind sehr scheu und werden mit ihren sechs Beinen bis zu 95 km/h schnell. Das Schreckenspferd ist etwa doppelt so groß wie die größten terrestrischen Zugpferde und wesentlich größer als das größte Pferd, das es in der Erdgeschichte je gegeben hat.

Das Tier hat eine neuronale Schnittstelle, dank welcher es sich in völliger Übereinstimmung mit seinem Reiter bewegen kann. Das hochintelligente, ruhige Tier kann, genau wie der Na'vi, im Kampf sehr wild werden.

SCHRECKENSPFERD-LEINE

FUNKTION: Der abgestiegene Reiter führt damit das Pferd

NA'VI-NAME: *Na'hla buk'ne* oder »Gesichtszug«

GRÖSSE UND GEWICHT: Unterschiedlich, etwa 60 Zentimeter, 1 Kilogramm

MATERIAL UND BAUWEISE: Aus verschiedenen reißfesten Pflanzenfasern und Leder gefertigt. Hat sowohl eine praktische als auch eine zeremonielle Funktion

Verschiedene Stile und ihre speziellen eingewebten Verzierungen werden über viele Generationen überliefert. Die Leine wird dem Pferd locker vorne über das Maul geschoben. Anders als terrestrische Zügel wird sie nicht benutzt, um das Pferd beim Reiten zu lenken. Na'vi lenken ihre Pferde nicht manuell, sondern über die neuronale Verbindung zwischen ihrem Zopf und einem Fühler des Pferdes. Die Leine wird nur benutzt, wenn der/die Reiter(in) die Verbindung gelöst hat und das Tier vom Boden aus führt.

Schreckenspferd-Bogen

Funktion: Reitbogen mit großer Reichweite

Grösse und Gewicht: 3 Meter, etwa 3 Kilogramm

Material und Bauweise: Der hölzerne Bogen hat einen Griff aus geschuppter Tierhaut, der mit Pflanzenleim festgeklebt und gewebtem Band verziert ist. Die Sehne besteht aus Sturmbeestdarm. Der niedrige Griff und die relativ kurze Basis des Bogens erleichtern die Verwendung im Sattel

Wenn ein Na'vi durch Iknimaya und Uniltaron zum Jäger geworden ist, darf er sich einen Bogen aus einem Ast des Heimatbaums schnitzen. Der Bogen ist ein Symbol dafür, dass er erwachsen ist und entsprechende Verantwortung trägt. Er ist außerdem die wichtigste Jagdwaffe der Na'vi. Der reich verzierte Bogen ist gut für die zeremonielle Verwendung geeignet, zugleich aber eine ausgezeichnete Jagd- und Kriegswaffe.

FÄCHEREIDECHSE

ALLGEMEINER NAME: Fächereidechse

WISSENSCHAFTLICHER NAME: *Fanisaurus pennatus* (»Geflügelte Fächereidechse«)

LEBENSRAUM: Regenwald, vor allem auf großen Farnen

ANATOMIE: Stachelartige Gestalt, die sich zu einem anilinroten und violetten biolumineszenten Fächer entfalten kann

ERNÄHRUNG: Nachtaktiv, ernährt sich von Baumsaft und kleinen Insekten. Frisst oft in Schwärmen

GRÖSSE: 45 Zentimeter lang, entfaltet etwa 1 Meter breit

Auf den ersten Blick wirkt diese Eidechse recht unspektakulär. Aber wenn sie gestört wird, entfaltet sie sich wie ein alter chinesischer Fächer und bringt sich schwirrend in Sicherheit. In Sekundenschnelle verwandelt sich das unscheinbare Ding in ein herrliches Geschöpf, nur um genauso schnell wieder seine eher unscheinbare Gestalt anzunehmen.

Verständlicherweise ist das Tier besonders bei jungen Na'vi sehr beliebt. Na'vi-Kinder rennen bei jeder Gelegenheit durch ein Feld mit Farnen und scheuchen Fächereidechsen auf, um sich an den davonfliegenden leuchtend roten und violetten Scheiben zu freuen. Im Zwielicht Pandoras kommt dieser Flug selbst den Na'vi seltsam fremd vor.

Ein alter Tanz (der in der Regel von Kindern aufgeführt wird) feiert die Eidechse. Zwei Tänzer stehen nebeneinander, um einen steifen »Stachel« darzustellen. Andere Kinder rennen herbei und scheuchen sie auf. Daraufhin »entfalten« sich die beiden und »schweben« als runde Form im Zickzack zwischen den anderen Tänzern hindurch. Der Tanz wird in der Regel von Blasinstrumenten (u. a. Hufwe) begleitet.

Angesichts der geringen Schwerkraft und der dichten Atmosphäre entsteht durch die schnelle Entfaltung der Eidechse ein so starker Drehimpuls, dass sie sich in die Luft erhebt und ihren Feinden entschwebt.

EINES VON GRACE AUGUSTINES LIEBLINGS- TIEREN AUF PANDORA.

GROSSER LEONOPTERYX

ALLGEMEINER NAME: Leonopteryx

NA'VI-NAME: *Toruk* (»Letzter Schatten«)

WISSENSCHAFTLICHER NAME: *Leonopteryx rex* (»Fliegender Königslöwe«)

LEBENSRAUM: Nistplätze in den Bergen, der Himmel über dem Regenwald

ANATOMIE: Eng verwandt mit dem Ikran, aber beträchtlich größer. Rot, gelb und schwarz gestreift mit tiefblauem Kopf- und Kinnkamm. Mit den scharfen Kämmen können Beutetiere aufgeschlitzt oder anderweitig verletzt werden. Maul extrem weit zu öffnen. Große Schädelhöhle. Die Flugmembran spannt sich straff über kohlefaserverstärkte Knochen. Mächtige Klauen zum Ergreifen von Beutetieren und um sich beim Sitzen festzuklammern. Doppelschwanz zur Flugsteuerung

ERNÄHRUNG: Lufträuber an der Spitze der Nahrungskette. Wichtigste Nahrungsquelle: Wald- und Berg-Ikrans, gelegentlich auch Medusen. Hat keine natürlichen Feinde. Jagt allein

GRÖSSE: Mehr als 25 Meter Flügelspannweite

Wegen seiner wilden Schönheit und königlichen Ausstrahlung nimmt der Leonopteryx in Sagenwelt und Kultur der Na'vi eine zentrale Stellung ein. Er wird durch Tänze, Lieder und kunstvolle Totempfähle geehrt, die sowohl Furcht als auch Verehrung ausdrücken. Und er spielt beim Verbundenheitsgefühl der Na'vi eine zentrale Rolle. Die wenigen Menschen, die das Glück hatten,

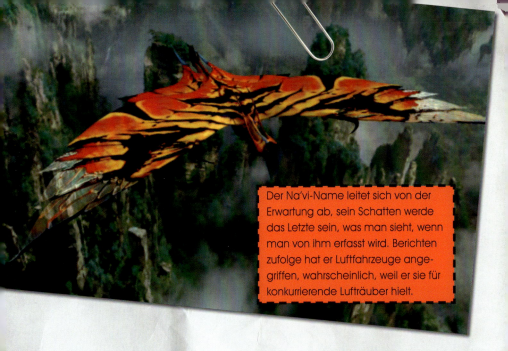

Der Na'vi-Name leitet sich von der Erwartung ab, sein Schatten werde das Letzte sein, was man sieht, wenn man von ihm erfasst wird. Berichten zufolge hat er Luftfahrzeuge angegriffen, wahrscheinlich, weil er sie für konkurrierende Lufträuber hielt.

eine Begegnung mit ihm zu überleben, waren verblüfft über die leuchtende Eleganz, mit der er den pandoranischen Himmel beherrscht.

Er ist ganz ähnlich gebaut wie der Wald- und der Berg-Ikran, mit scharfen Klauen und langen Zähnen zum Ergreifen der Beute im Flug. Er sieht hervorragend und ist hochintelligent. Seine mächtigen Kiefer lassen sich extrem weit öffnen und sind so stark, dass sie einen Ikran im Flug durchbeißen können. Er gewinnt im Steigflug sehr schnell an Höhe und gleicht im Sturzflug einem terrestrischen Falken.

Seine Flügel bestehen aus mehreren separaten Teilen, die entweder als Spaltflügel fungieren oder sich überlappen und aneinanderheften, um eine geschlossene Tragfläche zu bilden. Die getrennten Flügelteile können unabhängig voneinander gedreht werden, um Luftwirbel zu verstärken oder abzuschwächen. Diese separaten Flügelteile ähneln den Schwungfedern irdischer Vögel. Wie viele andere pandoranische Flugtiere ist auch der Leonopteryx nur wegen seiner kohlenfaserverstärkten Knochen flugfähig.

Seine Nistplätze sind schwer zu finden. Aber in den Halleluja-Bergen wurden welche entdeckt. Er ist lebenslang monogam und brütet nur alle zwei Jahre. Er fliegt einzeln oder in Paaren; Schwärme wurden nie gesichtet. In der Regel ist er vor seinen Artgenossen auf der Hut, und das mit Recht. Eine Gruppe von Avataren beobachtete einmal einen Luftkampf zwischen zwei Leonopteryxen. Nach drei Stunden stürzten beide Tiere tödlich verwundet zu Boden. Aus dem Jaulen, das kurz darauf in der Ferne ertönte, schlossen die Avatare, dass die verwundeten Tiere von einem großen Rudel Viperwölfen erledigt wurden.

HAMMERKOPF TITANOTHERE

ALLGEMEINER NAME: Hammerkopf

WISSENSCHAFTLICHER NAME: *Titanotheris hammercephalis*

LEBENSRAUM: Offenes Grasland, aber auch im Regenwald

ANATOMIE: Gewaltiger, tiefsitzender Kopf mit knöchernen Fortsätzen auf beiden Seiten des Schädels, ähnlich wie beim terrestrischen Hammerhai. Das weiche Huftiermaul ist durch eine harte, schnabelartige Struktur geschützt

ERNÄHRUNG: Pflanzenfresser, vor allem Gras und Sträucher, frisst aber auch diverse Früchte und Blätter im Regenwald

GRÖSSE: Bis zu 6 Meter hoch, 11 Meter lang

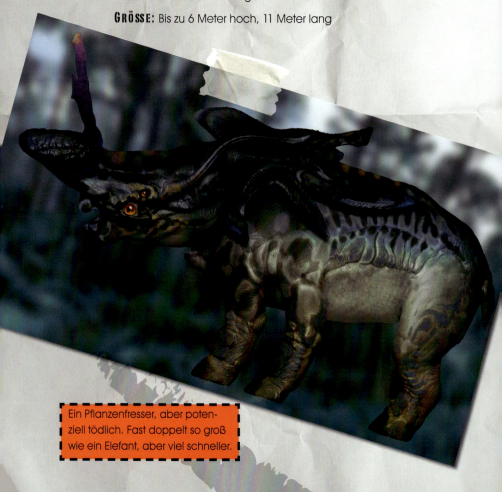

Ein Pflanzenfresser, aber potenziell tödlich. Fast doppelt so groß wie ein Elefant, aber viel schneller.

Der gewaltige Pflanzenfresser wandert in kleinen Herden. Er ist einigermaßen gesellig, aber auch sehr revier- und hierarchiebewusst.

Ausgeprägtes Drohverhalten durch visuelle und akustische Signale nimmt einen Großteil seiner Zeit in Anspruch. Wenn er in Wut gerät (was schnell und häufig geschieht), greift er mit gesenktem Kopf an. Die schiere Wucht und Wildheit einer solchen Attacke reichen aus, um fast jedes Geschöpf Pandoras in die Flucht zu schlagen.

Ein erregter oder bedrohter Hammerkopf stellt einen farbenprächtigen, chitinverstärkten Imponierkamm auf. Sowohl der verbreiterte Kopf als auch der Kamm werden in der Brunftzeit zur Werbung um Weibchen und in der Konkurrenz mit anderen Männchen eingesetzt.

Beim Jungtier besteht der furchterregende Hammerkopf noch aus Knorpelmasse. Sie ist biegsam, damit sich das unerfahrene Jungtier nicht so leicht in Unterholz oder Gestrüpp verfängt. Mit der Zeit verknöchert die Knorpelmasse und ist beim erwachsenen Tier massiver Knochen. Beim Kampf versucht der männliche Hammerkopf, mit den Höckern an den Enden seines Hammers die Augen des Rivalen zu verletzen. Alphatiere setzen ihre Kraft und Masse ein, um ihr Territorium durch umgerissene und zersplitterte Bäume zu markieren, ein Signal für andere Bullen, sich fernzuhalten.

Der Hammerkopf hat eine schlechte Fernsicht, was aber durch sein scharfes Gehör und seinen ausgezeichneten Geruchssinn wettgemacht wird. Die überlappenden Platten seines Körperpanzers und die starke, knochige Schulter- und Rückenpartie sind ein guter Schutz bei Kämpfen mit Artgenossen oder anderen großen Tieren wie dem Leonopteryx oder dem Thanator.

HÖLLENWESPE

ALLGEMEINER NAME: Höllenwespe

WISSENSCHAFTLICHER NAME: *Magnivespa velox* (»Schnelle Großwespe«)

LEBENSRAUM: Fast überall auf Pandora, so in Bergtälern, Bachbetten oder auf Stränden. *Magnivespa velox* lebt in Regenwald und Sumpfland und baut ihre Nester meist in umgestürzten, verrottenden Bäumen

ANATOMIE: Hartes Exoskelett, Facettenaugen, Biolumineszenz, Doppel-stachel

ERNÄHRUNG: Erwachsene Tiere ernähren sich von Pflanzensaft, Früchten und Aas. Die Brut wird mit gelähmten Insekten gefüttert

GRÖSSE: Flügelspannweite 13 Zentimeter

Die Höllenwespe hat eine ähnliche Gestalt wie eine irdische Wespe, ist jedoch etwa so groß wie ein Sperling. Sie fliegt in der Regel allein, aber es wurden auch schon gewaltige Schwärme gesichtet.

Dank ihres ausgezeichneten Geruchssinns kann sie jedes Geschöpf anhand seiner Biochemie identifizieren. Wenn sie sich bedroht fühlt, wird ihr Flug aufgeregt und unberechenbar und sie greift in der Regel an. Am Stich einer Höllenwespe ist noch kein Mensch gestorben, aber Mitarbeiter der

RDA erhalten mehrere Tage Krankheitsurlaub, wenn sie gestochen worden sind. Irgendwann wird vermutlich ein Wespenschwarm den ersten Todesfall verursachen.

WESPEN, GETARNT AN EINEM BAUM

Nachts aufgrund ihrer Biolumineszenz sehr gut sichtbar, aber so schnell, dass sie trotz Vorwarnung noch stechen können. Stich extrem schmerzhaft, aber für Na'vi und Menschen selten tödlich, Ausnahme Schwarm.

DIE RDA BEHAUPTET, IHRE SOLDATEN SEIEN SO GUT AUSGERÜSTET, DASS SIE AUF PANDORA MIT ALLEM UND JEDEM FERTIG WÜRDEN. DAS ENTSPRICHT ABSOLUT NICHT DER WAHRHEIT, WAS EIN HOFFNUNGS-SCHIMMER IST. PANDORANISCHEN QUELLEN ZUFOLGE WURDEN SÖLDNER VON HÖLLENWESPEN ANGEGRIFFEN UND GETÖTET.

Hexapede

Allgemeiner Name: Hexapede (»Sechsfüßer«)

Na'vi-Name: *Yerik*

Wissenschaftlicher Name: *Sexcruscervus caeruleus* (»Blauer sechs-beiniger Hirsch«)

Lebensraum: In verschiedenen Biomen Pandoras sehr häufig, zum Beispiel in Regenwald, Savanne, subarktischer Tundra und Bergregionen

Anatomie: Kleiner, hoher Schädel, gekrönt von heller, fächerartiger Struktur. Zwei Hörner bilden die Scheide für die dünne, gemusterte Membran. Große, weit auseinanderliegende Augen. Lange Schnauze mit kleinem gespaltenen Maul. Zweiteilige Lippe, die zurückgezogen werden kann. Bartartige Membran unter dem Maul zieht sich den Hals entlang. Rücken von zwei Linien dunkler, haarähnlicher Borsten überzogen. Langer, dünner Hals und runde abgeschrägte Hufe

Ernährung: Pflanzenfresser

Grösse: Bis zu 1,5 Meter lang und 2 Meter hoch

Der Hexapede ist eines der schönsten und zerbrechlichsten Geschöpfe auf Pandora. Und er ist das wichtigste Beutetier für fast alle Raubtiere zu Lande und in der Luft. Nur seine schnelle Vermehrung bewahrt ihn vor der Ausrottung.

Zusammen mit dem Sturmbeest ist der Hexapede eines der wichtigsten Tiere für das Überleben der Na'vi. Sein Bild befindet sich auf den Kriegsfahnen mehrerer Clans. Und er wird oft auf Schilden dargestellt und in Schnitzereien verewigt. Seine lederne Haut wird auf unzählige Arten, vom Musikinstrument bis zu Kleidung, verwertet.

Die sanftmütigen Tiere scheinen sowohl in der eigenen Herde als auch gegenüber Raubtieren kaum Feindschaft zu empfinden. Sie sind nur mäßig schnelle Läufer, allerdings extrem sprungkräftig und wendig. Diese Eigenschaften kommen ihnen im Grasland zugute, sind aber in der Enge des Waldes, wo sie gerne Baumrinde und verschiedene Blätter und Beeren fressen, weniger brauchbar.

Die beiden Hörner mit der Membran können sich drehen und die Membran zu einem großen Fächer aufspannen, der Feinde des Tieres abschrecken soll.

Vermutlich verstärkt er außerdem die Geräusche in der Nähe befindlicher Raubtiere. Zusätzlich hat der Hexapede federartige Riechorgane rechts und links des Kopfes, die ihm ebenfalls als Frühwarnsystem dienen.

Traditionell das erste Tier, das ein künftiger Krieger beim Übergangs-ritus vom Kind zum Erwachsenen töten darf.

PANDORANISCHE ARTEFAKTE WIE DER MIT DEM BILD EINE HEXAPEDEN GESCHMÜCKTE KAMPFSCHILD SIND HEUTE EINE PROFITABLE EINNAHMEQUELLE DER RDA. DIE UNGLAUBLICH TEUREN, NUR FÜR DIE OBEREN ZEHNTAUSEND ERSCHWINGLICHEN GEGENSTÄNDE WERDEN VON FÜHRENDE MITGLIEDERN DER RDA UND BEFREUNDETEN PERSONEN UND GRUPPEN GESAMMELT. MAN SOLLTE JEDEM SAMMLER SOLCHER DINGE MIT GRÖSSTEM MISSTRAUEN BEGEGNEN.

SCHILDE

FUNKTION: Schutz bei der Jagd und im Kampf. Außerdem zeremonielle Verwen-dung beim Tanz und bei anderen Ritualen

NA'VI-NAME: *M'resh'tuyu*

GRÖSSE UND GEWICHT: Unterschiedlich

MATERIAL UND BAUWEISE: Holzrahmen mit sehr dekorativen gewobenen Materialien bespannt, darunter Tierhaut (einschließlich Hexapede), Pflanzenfasern, Ranken, Muschelschalen und Holz

Obwohl die Schilde ein durchaus wirksamer Schutz sind, ist ihre zeremonielle Verwendung immer wichtiger geworden, seit es praktisch keine Kämpfe mehr zwischen Na'vi gibt. In die zeremoniellen Schilde sind Ereignisse aus der Geschichte der Na'vi hineingewoben. Muster und Herstellung beruhen auf einer Jahrhunderte alten Tradition visueller Sprache. Hexapeden sind ein häufi-ges Motiv. Viele Symbole sind ein abstrakter Ausdruck für die schützende Macht Eywas oder heroischer Vorfahren. Neuere Schilde zeigen auch Bilder terrestrischer Kampfhubschrauber (die die Na'vi *kunsìp* nennen) und von AMP-Panzeranzügen.

Jagdpfeile

Funktion: Pfeile für die Jagd

Grösse und Gewicht: 1,5 bis 2,5 Meter lang

Materialien: Pfeilspitze mit Harz am Schaft befestigt. Bei längeren Pfeilen ist die Spitze in der Regel flach, weist aber leichte spiralige Wülste auf. Sie besteht aus einer Samenhülse aus dem Blätterdach des Regenwalds

Beschreibung: Relativ kurze Fernwaffe, auch im Dschungel gut zu handhaben. Die Waffen der Na'vi haben sich im Lauf der Jahrhunderte kaum verändert

Medusa

Allgemeiner Name: Medusa

Na'vi-Name: *Lonataya*

Wissenschaftlicher Name: *Aerocnidaria aerae* (»Luftqualle«)

Lebensraum: Der Himmel über den Bergregionen Pandoras

Anatomie: Durchsichtige Glocke mit Tentakeln

Ernährung: Fliegender Fleischfresser. Ernährt sich von kleinen Nagetieren auf dem Waldboden, aber gelegentlich auch von größeren Geschöpfen wie Hexapeden, Slingern oder sogar Menschen. Kann auch Prolemuren oder nistende Tetrapterons aus dem Blätterdach picken

Grösse: Glocke bis zu 15 Meter im Durchmesser, Tentakeln oft über 35 Meter lang

Die über die Berggipfel treibenden wunderschönen, aber tödlichen Geschöpfe sehen aus wie die außerirdischen Nachkommen portugiesischer Kriegsschiffe und moderner Werbeluftschiffe. In der Paarungszeit treiben sie in riesigen Schwärmen über bestimmte Regionen von Australis und tanzen mit verschlungenen Tentakeln durch die Luft.

Die durchsichtige »Glocke« der Medusa ist mit Methangas gefüllt, das bei der Verdauung ihrer Beute entsteht. Es verschafft ihr den nötigen Auftrieb, um auf der Jagd über dem Blätterdach zu treiben. Dabei schleifen ihre durchsichtigen Tentakeln wie eine Art Vorhang über das Terrain und verursachen ein schwaches Rascheln, bei dem jedes Tier, das es vernimmt, hastig die Flucht ergreift. Die Tentakeln haben einen Durchmesser von acht bis zehn Zentimetern und sind dicht mit Sensoren bepackt. Bei der Berührung mit einem Tier rollen sie sich schlagartig zusammen und nehmen es in einen schraubstockartigen Griff. Sie sind von Elektrocyten gesäumt und verpassen der Beute einen Stromschlag, der von einem Organ in der Glocke erzeugt wird. Dieser ist so stark, dass er einen Ikran betäubt und einen Menschen tötet. In der Regel wird alles, was in den Griff der zähen lederartigen Anhängsel geraten ist, tot oder betäubt in das weiche Maul der Medusa gehoben.

Bei Gefahr kann sich die Luftqualle ähnlich wie ein Krake nach dem Rückstoßprinzip in eine bestimmte Richtung bewegen. Sie scheidet Gas aus, um zu sinken, und gibt Flüssigkeit aus Trimmblasen ab, um aufzusteigen. Die meiste Zeit jedoch treibt sie einfach im Wind und erbeutet, was ihr zufällig in die Falle geht.

Ihre Augen (genauer: optischen Sensoren) sind in einem fleischigen Gürtel am unteren Rand der Glocke angebracht und verschaffen ihr eine Rundumsicht auf das Terrain unter ihr.

Angesichts ihrer begrenzten Beweglichkeit müsste die Medusa eigentlich leichte Beute für Lufträuber wie Stachelfledermaus oder Ikran sein. Sie hat jedoch nur wenig essbares Fleisch, und die unangenehme und potenziell gefährliche Freisetzung von Methangas wirkt abschreckend auf jeden Angreifer. Aus diesen Gründen werden Medusen nur selten angegriffen. Ihr einzig wirklicher Feind ist der Leonopteryx, der sie bei großem Nahrungsmangel gelegentlich angreift und ihr faulig schmeckendes Fleisch vertilgt.

Der Luftkampf zwischen Ikran und Medusa gilt als eines der größten Naturschauspiele, das Pandora zu bieten hat.

ZEICHNUNG NACH EINEM AUGEN-ZEUGENBERICHT

PROLEMURIS

ALLGEMEINER NAME: Prolemuris

WISSENSCHAFTLICHER NAME:
Prolemuris noctis (»Nachtlemur«)

LEBENSRAUM: Blätterdach des
Regenwalds

ANATOMIE: Große Augen, affen-
artiger Schädel mit fleischiger
Schnauze. Kleine Nasenlöcher,
kleines Maul. Nadelscharfe Zähne. Flugmembranen. Gespaltene
Oberlippe

ERNÄHRUNG: Auf Bäumen woh-
nender Pflanzenfresser, Zähne für
die zähen Gewächse der pandoranischen Flora geeignet. Frisst
auch Insekten. Beutetier von Ikran
und Viperwolf

GRÖSSE: Bis zu 1 Meter

Der plappernde, friedliche Baumbewohner zieht die relative Sicherheit des
Blätterdachs dem gefährlichen Waldboden vor. Seine Unterarme, Flanken und
Schenkel sind beidseitig mit einer Membran versehen.

Die Membranen bremsen seine Fallgeschwindigkeit, wenn er von Baum
zu Baum springt. Er kann deshalb bis zu zwölf Meter tief fallen, ohne sich zu
verletzen. Da er hohle Knochen und relativ poröses Fleisch hat, ist er viel
leichter, als es den Anschein hat. Selbst die größten Prolemuren wiegen keine
sechs Kilogramm.

Mit seinen vier Armen kann sich der Prolemuris schneller von Baum
zu Baum schwingen, als ein normaler Mensch rennen kann. Er hat ein
hervorragendes Gleichgewichtsgefühl und kann sich wegen seiner scharfen,
dreidimensionalen Sicht mühelos von Ast zu Ast schwingen, ohne je
danebenzugreifen. (In dieser Hinsicht gleicht er den Na'vi, die sich ebenfalls
unglaublich geschickt durch das Blätterdach des Regenwalds bewegen.)

Der Prolemuris kann seine Ohren getrennt voneinander bewegen und
die Geräusche in einem präzisen Stereofeld verfolgen. Seine Zehen sind mit
Schwimmhäuten versehen und haben einen verkümmerten Daumen, mit dem

er sich besser an Ästen festhalten kann. Die beiden Oberarme teilen sich in vier Unterarme; die Knochen der Oberarme sind miteinander verschmolzen. (Manche Biologen halten den Prolemuris deshalb für einen Vorläufer der zweiarmigen Na'vi.) Die vier zweifingrigen Hände des Prolemuris sind ideal zum Greifen von Ranken und Zweigen geeignet. Einer der Finger hat vier Glieder und einen menschenähnlichen Fingernagel, der andere ist ein zweigliedriger Daumen.

Der Prolemuris lebt in großen stammesartigen Gruppen mit heftigen internen Rangordnungskämpfen, aber wenig Gewalt zwischen den Stämmen. Die Tiere sind sehr sozial, auch wenn sie nicht so intensiv für ihre Jungen sorgen wie irdische Schimpansen. Trotzdem zeichnet sich der Prolemuris durch sorgfältige Brutpflege und große Fruchtbarkeit aus; das Weibchen ist dreimal im Jahr empfängnisbereit.

Die Paarungsgewohnheiten des Prolemuris ähneln denen einiger irdischer Affenarten, zum Beispiel dem inzwischen ausgerotteten Gorilla (und verschiedenen menschlichen Kulturen): Ein Alphamännchen paart sich mit mehreren Weibchen und wirkt an der Aufzucht seiner Nachkommen mit. Diese Vielweiberei ist jedoch keineswegs ein Zeichen für männliche Dominanz. Vielmehr gilt die Sozialstruktur des Prolemuris als weitgehend matriarchal, weil eindeutig die Weibchen bestimmen, welche Männchen sich fortpflanzen dürfen.

Die Innereien des Prolemuris sind eine Delikatesse für manche Na'vi-Stämme, sie werden auch als Hülle für Lebensmittel verwendet.

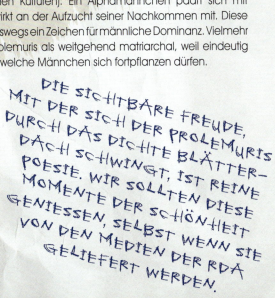

DIE SICHTBARE FREUDE, MIT DER SICH DER PROLEMURIS DURCH DAS DICHTE BLÄTTER-DACH SCHWINGT, IST REINE POESIE. WIR SOLLTEN DIESE MOMENTE DER SCHÖNHEIT GENIESSEN, SELBST WENN SIE VON DEN MEDIEN DER RDA GELIEFERT WERDEN.

SLINGER

ALLGEMEINER NAME: Slinger (»Schleudertier«)

NA'VI-NAME: *Lenay'ga*

WISSENSCHAFTLICHER NAME: *Acediacutus xenoterribili* (»Seltsam schreck-liches Faultier«)

LEBENSRAUM: Regenwald

ANATOMIE: Muskulöser Hals, dreieckiger, abtrennbarer Kopf mit Stachel und Nervengiftdrüsen

ERNÄHRUNG: Raubtier. Wichtigste Beute: Hexapede

GRÖSSE: 2,4 Meter hoch

Das faultierartige Tier ist eines der seltsamsten und gefährlichsten Geschöpfe auf Pandora.

Beim Jagen bewegt es sich langsam und leise durch die Farne im Wald. Wenn es eine Beute entdeckt, zieht es seinen muskulösen Hals weit zurück und lässt ihn dann vorschnappen. Dabei löst sich der lange, spitze, geflügelte Kopf vom Hals und fliegt als selbstgelenktes, giftiges Geschoss auf die Beute zu. Wenn er im Beutetier eingeschlagen ist, stößt er eine Serie schriller Schreie aus. Sie ermöglichen es dem (nunmehr blinden) Körper, seinen Kopf zu lokalisieren und anzusteuern. Immer noch getrennt machen sich die beiden über die Beute her. Erst wenn sie satt sind, beugt sich der Hals zum Kopf hinunter, und sie schließen sich durch ein Gewebe haarähnlicher Fäden wieder zusammen.

Das alles ist schon seltsam genug. Aber Biologen entdeckten, dass der Körper und sein pfeilartiger Kopf nicht etwa nur ein Geschöpf mit einer ausgefallenen Art zu jagen sind. Vielmehr ist das Geschoss in Wirklichkeit das »Kind« des Körpers. Es hat eine symbiotische Beziehung zu seiner »Mutter«, bis es zu groß ist, um noch zu fliegen. Dann trennt es sich von der Mutter, paart sich, und verwandelt sich in einen kleineren, kompletten Slinger, wieder mit dem eigenen Jungen als Kopf und Geschoss. Das Muttertier kann sich ohne »Kopf« nicht mehr ernähren und stirbt – ein seltsamer Kreislauf der Erneuerung, bei dem jede Generation zum Gehirn der folgenden wird.

Das alles wäre vielleicht nur akademisch faszinierend, wenn sich der Slinger nicht als tödliche Bedrohung für die menschlichen Kolonisten erwiesen hätte. Mehrere starben eines schlimmen Todes, nachdem sie ein Slingerpfeil getroffen hatte.

> Na'vi reiben sich mit dem Saft eines Blattes ein, der nach Slinger riecht, um Viperwölfe abzuschrecken.

STACHEL-FLEDERMAUS

ALLGEMEINER NAME: Stachelfledermaus

NA'VI-NAME: *Riti*

WISSENSCHAFTLICHER NAME: *Scorpio-battus volansii* (»Skorpionfledermaus«)

LEBENSRAUM: Blätterdach des Regenwalds

ANATOMIE: Durchscheinende Klauen und Fänge, Rand der Flugmembranen und Torso biolumineszent, skorpionartiger Schwanzstachel, kleine Schädelhöhle, vier Augen

ERNÄHRUNG: Nächtlicher Lufträuber, Allesfresser. Ernährt sich in der Regel von kleineren Tieren aus dem Blätterdach und von Früchten

GRÖSSE: 1,2 Meter Flügelspannweite

Die aggressiven Jäger haben zwar ein hoch entwickeltes visuelles Navigationssystem, begeben sich aber aufgrund ihres kleinen Gehirns oft unnötig in Gefahr. So fliegen sie zum Beispiel trotz des Gemetzels, das die Geschützautomaten am Zugang zum Hell's-Gate-Komplex unter ihnen anrichten, immer wieder in deren Reichweite. Ihre relative Dummheit macht sie außerdem zur leichten Beute für größere Räuber wie den Ikran. Dank ihrer starken Vermehrung ist ihre Population trotzdem stabil.

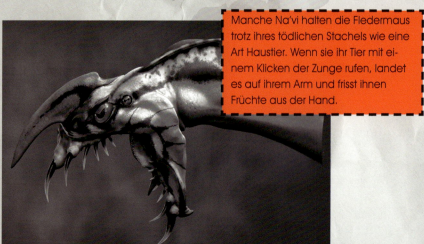

Manche Na'vi halten die Fledermaus trotz ihres tödlichen Stachels wie eine Art Haustier. Wenn sie ihr Tier mit einem Klicken der Zunge rufen, landet es auf ihrem Arm und frisst ihnen Früchte aus der Hand.

STURMBEEST

ALLGEMEINER NAME: Sturmbeest

NA'VI-NAME: *Talioang*

WISSENSCHAFTLICHER NAME: *Bovindicum monocerii* (»Einhorniges blaues Rind«)

LEBENSRAUM: Wandertier, das in Feuchtgebieten und Flussdeltas lebt

ANATOMIE: Gewaltiges büffelartiges Herdentier mit sechs Beinen und indigoblauer und oranger Färbung. Sein Schädel weist über den Augen einen großen hornartigen Auswuchs auf

ERNÄHRUNG: Gras, Sträucher und verschiedenen Pilze. Eine hornartige Verlängerung des Unterkiefers wird zum Ausgraben von Wurzeln, Würmern und anderen Nahrungsmitteln eingesetzt

GRÖSSE: Im Durchschnitt 6 Meter lang und bis zu 4,5 Meter hoch. Etwa 900 Kilogramm schwer

Das Sturmbeest ist für die Na'vi einer der wichtigsten Nahrungslieferanten und spielt deshalb in ihrer Kultur eine große Rolle. Viele verschiedene Clans preisen seine Vorzüge in Musik, Tanz und bildender Kunst. Es ist ein Herdentier und tut alles, um seine Jungen zu schützen. Gegen Raubtiere bilden sie eine gemeinsame Abwehrfront. Ist das Raubtier zu groß oder greifen zu viele an, geht die ganze Herde durch, wobei sie sich auf der Flucht oft in kleinere Gruppen aufteilt.

Die Männchen sind in der Regel etwa 15 Prozent größer als die Weibchen. Und sie besitzen ein gewaltiges Stirnhorn, das zur Verteidigung und in Paarungskämpfen mit anderen Bullen eingesetzt wird.

Das Gehirn des Sturmbeest ist im Verhältnis zu seinem Körpergewicht eher klein. Seine Reaktionen sind langsam und lang anhaltend. Trotzdem fallen nur sehr junge, alte oder kranke Tiere besonders großen oder geschickten Raubtieren wie Viperwolfrudeln, dem Thanator oder dem Leonopteryx zum Opfer.

Schlechte Fernsicht, aber scharfes Gehör und sehr weitreichender Geruchssinn. Es wurde beobachtet, dass eine Herde auf ein Raubtier reagierte, das drei Kilometer windwärts stand.

ES IST ANGEBLICH »SO LAUT WIE DER START EINES VALKYRIE-SHUTTLES«, WENN EINE SOLCHE HERDE DURCHGEHT. AUF DER ERDE GIBT ES DIESES GERÄUSCH NICHT MEHR, SEIT DER BISON AUSGESTORBEN IST.

JAGDGESÄNGE

FUNKTION: Ritueller und sozialer Gesang

NA'VI-NAME: *Taron tìrol*

DURCHFÜHRUNG: Rhythmische Gruppengesänge während der Jagd oder bei Initiationsritualen. Gemeinsames Singen bei gemeinschaftlichem Tanz insbesondere in Verbindung mit Jagdvorbereitungsritualen. In der Regel von Sturmbeest-Gongs und Trommeln begleitet

Die Gesänge für das Uniltaron haben einen starken treibenden Rhythmus und sind wild und ekstatisch. Sie werden beim Uniltaron oder bei den Initiationsriten vor dem Iknimaya von erwachsenen Na'vi gesungen.

Jagdgesänge werden oft bei Übergangsriten verwendet, etwa bevor sich ein Na'vi zum ersten Mal mit seinem Ikran verbindet. Sie können gemeinsam gesungen werden, werden aber oft auch stimmlos artikuliert. Wenn der Na'vi beim Uniltaron in chemisch induzierter Trance sein Seelentier sucht, drückt er sich musikalisch aus, während sein Geist wandert. Bei anderen Jagdgesängen wird sowohl die Stärke des Jägers als auch die des Beutetiers beschworen. Es wird darum gebetet, dass er sich des Tiers als würdig erweist, der Geist der Waldtiere wird beschworen usw. Solche Gesänge werden zu vielen Anlässen angestimmt: vor oder während der Jagd, vor einem Kampf mit externen Gegnern und bei geselligen Veranstaltungen.

Viele Initiations- und Jagdgesänge werden als ausgesprochen rhythmischer, melodieloser Sprechgesang artikuliert. Dabei werden die vielen Kehlkopfverschlusslaute und Ejektive der Na'vi-Sprache betont. (Siehe Text S. 99). Die Struktur dieser Art von Gesang deutet darauf hin, dass er die älteste erhaltene Ausdrucksform der Na'vi ist.

Bei einigen Ritualen führen Mitglieder des Clans einen sogenannten »Handtanz« vor, indem sie mit ihren langen, beweglichen Fingern eine zutiefst symbolische und poetische Erzählung weben. Schnelle, kontrollierte Bewegungen der biolumineszenten Punkte der Tänzer verstärken die magische Schönheit solcher Vorstellungen oft noch zusätzlich.

Die Uniltaron- oder Traumjagdgesänge sind besonders interessant. Der junge Na'vi kann in dem Drogenrausch, der die Traumjagd prägt, alle möglichen Ausdrucksformen benutzen: normale Liedstrukturen, Kinderlieder, die sich tief in sein Gedächtnis eingegraben haben, wilde Improvisationen oder Sprechgesänge. Die einzigen Gesänge, die man in diesem Kontext nicht hört, sind persönliche Lieder oder rituelle Trauergesänge.

Hier ein typisches Beispiel für den Text eines Jagdgesangs, geprägt von der häufig bezeugten großen Ehrfurcht vor der Beute:

JAGDLIED

Wir gehen auf dich zu	*Terìran ayoe ayngane*
Wir kommen	*Zera'u*
Wir singen zu dir	*Rerol ayoe ayngane*
Also wähle	*Ha ftxey*
Wähle den von euch	*Awpot set ftxey ayngal a l(u)*
	ayngakip
Der das Volk ernähren wird.	*Awpot a Na'viru yomtìyìng.*

(Refrain:)

Lass meinen Pfeil richtig treffen	*Oeyä swizaw nìngay tivakuk*
Lass meinen Speer das Herz treffen	*Oeyä tukrul txe'lanit tivakuk*
Lass die Wahrheit mein Herz treffen	*Oeri tìngayìl txe'lanit tivakuk*
Lass mein Herz wahr sein.	*Oeyä txe'lan livu ngay.*

Du bist schnell und stark	*Lu nga win sì txur*
Du bist klug	*Lu nga txantslusam*
Ich muss schnell und stark sein	*Livu win sì txur oe zene*
Denn nur	*Ha n(ì)'aw*
Nur wenn ich deiner würdig bin	*Pxan livu txo nì'aw oe ngari*
Wirst du das Volk ernähren.	*Tsakrr nga Na'viru yomtìyìng.*

(Refrain wird wiederholt)

TEYLU

NA'VI-NAME: *Teylu*

LEBENSRAUM: Feuchte, verrottende Vegetation

ANATOMIE: Larve eines hundertfüßerartigen pandoranischen Insekts. Durchsichtige Haut mit sichtbaren Adern und Eingeweiden

ERNÄHRUNG: Verrottetes Pflanzenmaterial, Moos, kleine Insekten

GRÖSSE: Bis zu 8 Zentimeter, in der Regel kleiner

Zusammen mit Sturmbeest und Hexapede wichtige Proteinquelle der Na'vi. Wie große Shrimps, etwas süßlich. Wird in der Regel gedämpft, aber die Na'vi kochen die Larve auch mit Gemüse oder braten sie wie irdisches Shish Kebab am offenen Feuer.

WIE DIE TILAPIA-FISCHE IM LETZTEN
JAHRHUNDERT HABEN AUCH TEYLU DAS
POTENZIAL FÜR EINE ERGIEBIGE NAH-
RUNGSQUELLE. TEYLU SIND WIE DIE MADEN,
DIE MAN HEUTE AUF DER ERDE GERÖSTET
UND GESALZEN ALS SNACK BEKOMMT. ABER
SIE HABEN EINEN HÖHEREN PROTEINGEHALT
UND VERMEHREN SICH SCHNELLER IN ABFALL,
SIND ALSO GENAUSO LEICHT ZU ZÜCHTEN WIE
WÜRMER, NUR SCHMACKHAFTER.

THANATOR

ALLGEMEINER NAME: Thanator

NA'VI-NAME: *Palulukan* (»Der mit trockenem Mund Furcht bringt«)

WISSENSCHAFTLICHER NAME: *Thanatora ferox* (»Wilder Thanator«)

LEBENSRAUM: Am Boden des Regenwalds, ähnliche Arten wurden in subarktischen Regionen beobachtet

ANATOMIE: Gepanzerter Kopf, gewaltiges, überweit zu öffnendes Maul. Zähne 23 Zentimeter lang. Glänzende schwarze Haut, scharlachrot und gelb gestreift. Zehn externe sensorische Stacheln. Oberlippe rückfaltbar. Rückenbereich mit Chitinplatten gepanzert

ERNÄHRUNG: Zu Lande die Krone der Raubtierschöpfung, Allesfresser, jagt bevorzugt nachts

GRÖSSE: Mehr als 5,5 Meter lang, mehr als 2,5 Meter hoch

Auch wenn Pandora noch nicht gänzlich erforscht ist, kann mit Recht angenommen werden, dass der Thanator dort der »Super-Prädator« ist. Das gewaltige Tier, das ein wenig an den irdischen Panther erinnert, beherrscht seinen Lebensraum wie kein zweites und verbreitet selbst bei den größten und wildesten Geschöpfen Pandoras Angst und Schrecken. Sogar die sonst so mutigen Na'vi haben Angst, wenn sich ein Thanator nähert, und feiern ihn nicht in ihren Tänzen und Liedern.

Seine Muskulatur ist ausgeprägt und eindrucksvoll und verleiht ihm die Kraft für ausgedehnte Läufe und gewaltige Sprünge. Sein Biss ist so schnell wie ein Kameraverschluss. Außer durch die typischen Reiß- und Bisswunden kann er Feinde und Beutetiere auch durch Schläge mit seinem gepanzerten Schwanz töten. Seine Sinne sind so gut entwickelt, dass er je nach atmosphärischen Bedingungen ein Beutetier noch in bis zu 13 Kilometer Entfernung ausmachen kann.

Er jagt offenbar allein und bleibt in seinem Revier, das auf 300 Quadratkilometer geschätzt wird. Er ist in der Regel nachts unterwegs, jagt aber auch tags, wenn ihn der Hunger dazu treibt. Aus den Panzerplatten hinter seinem Kopf ragen zehn sensorische Stacheln heraus. Es wird vermutet, dass sie etwas mit einem inneren Mechanismus zur Lokalisierung der Beute zu tun haben

Der furchterregendste aller erdgebundenen pandoranischen Räuber. Der breite, gepanzerte Schwanz wird gegen Beutetiere oder im Kampf mit Artgenossen eingesetzt. Die Knorpelplatten um den Hals lassen sich vermutlich als Echolot oder ähnliches Ortungssystem aufrichten. Verwundbar am Ausgang des Atemsystems durch Waffen von Mensch und Na'vi. Der Anatomie nach zu urteilen ein entwicklungsgeschichtlicher Verwandter des Viperwolfs.

VIPERWOLF

ALLGEMEINER NAME: Viperwolf

NA'VI-NAME: *Nantang*

WISSENSCHAFTLICHER NAME: *Caniferratus costatus* (»Gestreifter gepanzerter Wolf«)

LEBENSRAUM: Regenwald, Savanne, subarktische Gebiete

ANATOMIE: Sechs Beine. Vorwiegend schwarz gefärbt, aber mit zinnoberroten und irisierenden blauen Streifen. Chitinpanzer im Genick und am Rückgrat. Biolumineszenz zur Identifizierung im Rudel. Überweit zu öffnendes, schlangenartiges Maul mit obsidianartigen Zähnen. Lederartige Klauen mit Daumen in Oppositionsstellung. Nach den Merkmalen zu urteilen ein Kanide, der im Begriff ist, sich zum Affen zu entwickeln

ERNÄHRUNG: Vorwiegend nachts jagender Fleischfresser, jagt sehr geschickt in Rudeln. Reviere von mehr als 480 Quadratkilometern. Arttypisches kojotenartiges Jaulen und schlangenähnliches Zischen zur Informationsübermittlung bei der Jagd

GRÖSSE: Mehr als 2 Meter lang, über 1 Meter hoch

Mit seinen sechs Beinen und seinem kräftigen Rumpf kann der Viperwolf auf der Suche nach Beute große Strecken zurücklegen. Seine große Gehirnmasse im Verhältnis zum Körpergewicht lässt auf ein relativ hoch entwickeltes Denkvermögen mit guter Mustererkennung und Kommunikationsfähigkeit schließen.

Mit seinen scharfen grünen Augen sieht der Wolf bei Nacht genauso gut wie bei Tag. Seine Fernsicht ist nur mäßig, aber die Tiefenschärfe seines Blicks ist phänomenal. Sein Geruchssinn ist (unter den wenigen bisher erforschten Tieren) einzig dem des Thanators unterlegen. Offenbar kann ein Viperwolf seine Beute aus einer Entfernung von bis zu acht Kilometern riechen.

Nur sehr wenige Raubtiere (darunter der Berg-Ikran) wagen es, den Viperwolf anzugreifen. Dieser ist fast immer im Rudel unterwegs, das sich in Sekundenschnelle in eine äußerst effektive Jagdgesellschaft verwandeln kann. Das Rudel tauscht über die potenzielle Beute durch Mimik, Gesten der Pfoten und akustische Signale offenbar Informationen aus.

Der Viperwolf jagt in kleinen Gruppen. Er kann mit seinen primatenähnlichen Pfoten auf Bäume klettern oder die Beute am Boden verfolgen, wodurch sich ihm ein dreidimensionales »Jagdfeld« eröffnet.

Auf der Jagd kann er seine Sichtbarkeit verringern, indem er sich sehr dicht am Boden bewegt oder hinter Baumästen verbirgt. Auf diese Weise kann er sich seiner arglosen Beute oft bis auf wenige Meter nähern und sie dann mit furchterregender Effizienz angreifen. (Ein Biologe bezeichnete seine eleganten, aber unheilverkündenden Bewegungen als »flüssige Dunkelheit«.)

Ein junger Viperwolf muss erst im Alter von mehreren Monaten selbstständig jagen. Die Jungen wachsen jedoch schnell heran und haben schon im sechsten Monat die Hälfte ihrer adulten Größe erreicht. Der Biss eines Viperwolfs kann einen Druck von 4 kg/qcm ausüben; das reicht locker aus, um Knochen, ja sogar manche Steinarten zu zersplittern.

Dank seiner affenähnlichen Pfoten kann der Viperwolf auch im Blätterdach des Regenwalds jagen. Er wird von den Na'vi wegen seiner scharfen Intelligenz, seiner Treue zum Rudel und seines Familiensinns verehrt.

VIPERWOLF JUNGES

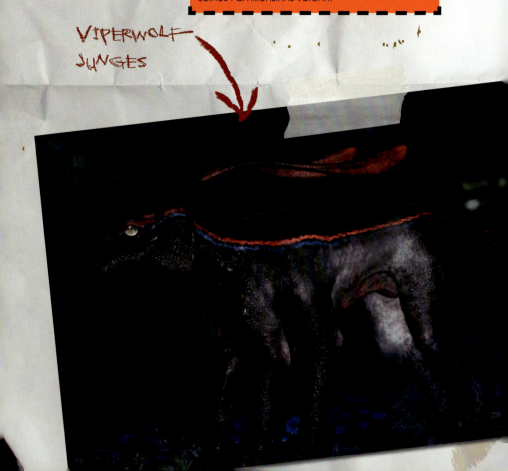

BOLAS

FUNKTION: Wurfwaffe für die Jagd

GRÖSSE UND GEWICHT: In der Regel mehr als 1 Meter lang, etwa 1 Kilogramm schwer

MATERIAL UND BAUWEISE: Die Gewichte sind aus sehr harten polierten Samen gefertigt, die eine leicht konkave Form haben. Sie stecken locker in einem Beutel aus Pflanzenfasern mit dem Motiv des Heimatbaums, um den ihre Schnur gewickelt ist

Der Gebrauch der Bolas, die bis zu zehn Meter weit geworfen werden, ist ein integraler Bestandteil der Na'vi-Kultur. Kinder üben ihn, lange bevor sie an der Jagd teilnehmen. Die einfache Waffe kann, richtig geworfen, ein Sturmbeest in vollem Lauf zu Fall bringen. Sie werden zum Lebendfang von Beutetieren und als Verteidigung gegen angreifende Tiere verwendet. Die Na'vi setzen sie ein, wenn sie ein Tier nicht töten wollen (Viperwölfe zum Beispiel werden möglichst nur abgewehrt, selbst wenn sie angreifen). Die Bolas sind mit Haken versehen, damit sich das Seil am Boden verfängt, nachdem es sich um das Tier gewickelt hat.

WIMPEL

FUNKTION: Visuelles Kennzeichen verschiedener Na'vi-Clans, sowohl für zeremonielle als auch für praktische Zwecke

NA'VI-NAME: *U'imi*

GRÖSSE UND GEWICHT: Unterschiedlich

MATERIAL UND BAUWEISE: Kunstvoll verzierte Tierhaut in hölzernem Rahmen. Kann auch am Geschirr eines Schreckenspferds oder eines Ikran befestigt werden

Wie die Wimpel und Flaggen auf der Erde sind auch die Wimpel der Na'vi ein wichtiges Symbol für den Clan. Sie dienen unter anderem als Sammelpunkte in der Schlacht. Ihre kunstvollen Bilder weisen auf den Namen des Clans hin. Sie stehen für einen zentralen Aspekt im Leben des Clans oder für etwas, auf das er besonders stolz ist. Die U'imi huyuticaya sind zum Beispiel dafür bekannt, dass sie den Viperwolf lieben und verehren.

4 DIE FLORA PANDORAS

Die Pflanzenwelt Pandoras ist eigenartig und fantastisch, und doch weisen manche Gewächse eine bemerkenswerte Ähnlichkeit mit irdischen Pflanzen auf. Die Vielfalt der Pflanzen, ihre unterschiedliche Größe und Komplexität lassen vermuten, dass auch dort Umweltfaktoren stark auf die natürliche Selektion und das Wachstum einwirken, wie Strahlung, Wasser, atmosphärische Gase und Schwerkraft. Diese Faktoren weisen auf Pandora allerdings völlig andere Eigenschaften auf. So herrscht eine dichtere Atmosphäre mit höheren Anteilen von Kohlenstoffdioxid, Schwefelwasserstoff und Xenon. Die Schwerkraft ist schwächer als auf der Erde, doch besitzt der Mond ein unglaublich starkes Magnetfeld. All dies wirkt sich auf die Evolution der Pflanzenwelt aus.

Auch pandoranische Pflanzen haben die Fähigkeit entwickelt, auf die Schwerkraft zu reagieren, obwohl sie schwächer ist. Deshalb findet man dort auch Gigantismus, und die typische Wuchsrichtung – Spross nach oben, Wurzel nach unten – trifft nicht unbedingt zu. Die Höhe irdischer Bäume wird durch die Höhe begrenzt, bis zu der ihre Leitzellen Wasser transportieren können. Auf Pandora können Bäume aufgrund der geringeren Schwerkraft sehr viel höher wachsen. Magnetotropismus und Radiotropismus sind Reaktionsformen der Pflanzenwelt auf das Magnetfeld und die ionisierende Strahlung. Manche Pflanzen sind magnetonastisch, orientieren sich also am Magnetfeld; andere sind berührungsempfindlich.

Die Pflanzen Pandoras erhielten sowohl allgemeine als auch wissenschaftliche Namen. Letztere orientieren sich zwar an der auf der Erde gebräuchlichen biologischen Nomenklatur, doch ist die Klassifizierung der Pflanzen Pandoras noch ungeklärt. Manche Pflanzen scheinen recht einfach und sogar primitiv zu sein, während andere sich auf fantastische, möglicherweise hoch entwickelte Weise an die besonderen Bedingungen auf Pandora angepasst haben.

Besonders faszinierend sind Lebensformen auf Pandora, die sowohl pflanzliche als auch tierische Eigenschaften aufweisen. Diese Mischformen werden »Zooplantae« oder »Tierpflanzen« genannt; sie verfügen über erste Ansätze von Nervensystemen, die ihnen jene Art organischer Intelligenz verleihen, die man in primitiven Tierarten findet. Ihre Entdeckung verblüfft und begeistert Biologen und Botaniker und zwingt sie, ihr Wissen über die Mechanismen des Lebens zu überprüfen.

HELICORADIUM SPIRALE

ALLGEMEINER NAME: Helicorade

NA'VI-NAME: *Loreyu* (»Schöne Spirale«)

WISSENSCHAFTLICHER NAME: *Helicoradium spirale.* Kernbedeutung: »Spirale«

BOTANISCHE BESCHREIBUNG: Große, krautige Zooplanta mit tierähnlichem Nervensystem. Einzelnes, großes, orangefarbenes Spiralblatt. Reagiert auf Berührung durch Einrollen und schnellen Rückzug in den Boden

HÖHE: 6 bis 8 Meter

BREITE: Blattdurchmesser bis 2,5 Meter

ETHNOBOTANIK: Nutzung der Blätter für geschmückte Zeremonial-gewänder. Gewinnung der Orange-Pigmente für Farbherstellung

Die Helicorade ist eine »reizempfindliche« Tierpflanze. Bei Berührung rollt sie sich ein, um ihr einziges Blatt vor Pflanzenfressern zu schützen. Sie wächst in dichten Gruppen; die Kontraktion einer Pflanze löst deshalb oft die gleiche Reaktion bei den umstehenden Pflanzen aus, sodass sich die gesamte Gruppe in den Boden zurückzieht. Einrollen und Rückzug dienen aber nicht nur der Verteidigung, sondern auch dem Fangen von Insekten und Kleintieren.

Die Kontraktion wird durch unsichtbare Wurzeln im Boden ermöglicht und erfolgt sehr schnell. Die Na'vi können durch Helicorade-Bestände hindurchgehen, ohne die Kontraktion auszulösen. Plötzliche Kontraktionen von Helicoraden signalisieren auch herannahende Gefahren.

Die großen, schönen Blätter werden von den Na'vi manchmal geerntet, wobei sie eine Übernutzung dieser ungewöhnlichen Lebensform sorgfältig vermeiden. Die leuchtend orangefarbenen Pigmente werden extrahiert und als Farbstoff verwendet, die Blätter für die Herstellung von Zeremonialkleidung, Zelten oder Säcken genutzt.

Die Reaktion auf Berührung Reizreaktion ermöglicht Schutz vor Pflanzenfressern. Pflanzenbewegung (Rückzug in den Boden) ist Gefahrenwarnung für die Na'vi. Wächst häufig in Gruppen, wobei sich die Kontraktion einer Pflanze auf die anderen überträgt.

BELLICUM PENNATUM

ALLGEMEINER NAME: Kriegsfederfarn

NA'VI-NAME: *Eyaye*

WISSENSCHAFTLICHER NAME: *Bellicum pennatum;* Kernbedeutung: »Krieg« und »Feder«

BOTANISCHE BESCHREIBUNG: Große, krautige, farnähnliche Pflanze mit blau schimmernden Wedeln. Auf Pandora weit verbreitet

HÖHE: 4,5 bis 5,5 Meter

BREITE: Im Durchschnitt 1,5 Meter

ÖKOLOGIE: Besondere Biolumineszenz-Strahlung lockt Insekten zum Nektar der Pflanze. Vögel fressen die Insekten und schützen so die Pflanze vor Insektenfraß

ETHNOBOTANIK: Farnwedel werden von den Na'vi bei Zeremonien verwendet, beispielsweise für Kopf- und Kleiderschmuck

Der Kriegsfederfarn wurde nach seiner hauptsächlichen Verwendung benannt – als Kopfschmuck in Kriegs-, aber auch in Friedenszeiten. Schon den ersten Kolonisten fiel die Ähnlichkeit zum Kopfschmuck amerikanischer Ureinwohner auf.

Das auffälligste Merkmal des Farns ist das leuchtende Blau der Farnwedel, das durch einen hohen Anteil an Anthocyane-Pigmenten hervorgerufen wird. Bei den Pigmenten handelt es sich um lichtreaktive chemische Substanzen, die blaues Licht reflektieren und blauen sowie violetten Pflanzen und Früchten ihre Farbe verleihen. Der Farn hat eine enge Beziehung zu einem Waldvogel mit ähnlich blau schimmernder Färbung

entwickelt, der die Pflanze zur Tarnung benutzt und die von ihr angelockten Insekten frisst.

Der Kriegsfederfarn wächst glücklicherweise schnell nach, da er von den Na'vi regelmäßig geerntet wird. Dunkle Nächte werden oftmals von einzelnen Blättern erhellt, die man auf Bäumen befestigt. Die pfeilartig schimmernden Farnwedel werden wie Wegweiser auf bestimmte Ziele gerichtet und erinnern an unsere Neonleuchtzeichen.

Blätter mit biolumineszenten pfeilförmigen Markierungen werden als Wegweiser benutzt.

FREUNDE PANDORAS ERKUNDEN DIE TRADITIONELLEN FORMEN DER NAVIGATION UND SONSTIGE FORMEN DER NICHTDIGITALEN POSITIONSBESTIMMUNG UND KOMMUNIKATION ALS ALTERNATIVEN ZUM ALLGEGENWÄRTIGEN NETZ UND ANDEREN NAVIGATIONSTECHNOLOGIEN.

Magellum deltoids

Allgemeiner Name: Unidelta-Baum

Na'vi-Name: *Tsawlapxangrr* (»Hohe lange Wurzel«, auch kurz: *tsawlapx*)

Wissenschaftlicher Name: *Magellum deltoids*, benannt nach dem Seefahrer Magellan. Artverwandt mit dem Delta-Baum

Botanische Beschreibung: Waldbaum mit großen dreieckigen Blättern, dünnen Stängeln und überirdischen Wurzeln; ähnelt dem verwandten Delta-Baum, hat aber ungiftige Blätter. Wurzeln enthalten Gift, das tierische Zellen abtötet und abbaut. Weiße biolumineszente Strahlung

Höhe: max. 9 Meter

Ökologie: Wo Unidelta- und Delta-Bäume nebeneinander wachsen, vereinigen sich ihre Wurzeln im Untergrund und tauschen Gifte aus

Ethnobotanik: Der Unidelta-Baum ist höher als der Delta-Baum, mit geradem, dichtem Holzwuchs. Wird für die Herstellung von Kanus und Paddeln verwendet sowie für verschiedene Musikinstrumente

Trotz der engen Verwandtschaft zum Delta-Baum gibt es einen entscheidenden Unterschied: Seine Blätter sind ungiftig, seine Wurzeln hochgiftig. Durch die Untergrund-Verbindung der Wurzeln beider Bäume überträgt der Unidelta-Baum sein Wurzelgift auf die Wurzeln des Delta-Baums, die so ebenfalls giftig werden.

Die beiden Magellum-Spezies sind eine für beide Seiten nützliche Symbiose eingegangen. Durch die Wurzelgiftübertragung kann sich der Delta-Baum die Mühe ersparen, eigenes Wurzelgift entwickeln zu müssen, und teilt dafür seine Nahrung mit dem Unidelta-Baum. Der einzige Hinweis auf den Gifttransfer ist eine leichte Farbänderung der Biolumineszenz der Blätter des Delta-Baums bei Nacht, die von Na'vi und Tieren erkannt wird, die dann diese Nahrung vermeiden. Das zeigt, dass die Symbiose für beide Seiten nutzbringend ist.

Unidelta-Holz wird für den Bau von Kanus verwendet; die dicke Schutzschicht der Blätter wird geschmolzen und als Dichtungsmaterial verwendet. Die ungiftigen Blätter sind wasserdicht und werden als Schüsseln und Schalen benutzt, die Blattstängel dienen als Werkzeuge oder Instrumente für Jagd und Fischfang. Wegen ihrer engen Anordnung sind Unidelta-Bäume besonders für eine Aufführung mit Pendelpauken geeignet.

HOLZTROMMEL

FUNKTION: Musik bei Feierlichkeiten, Ritualen

GRÖSSE UND GEWICHT: Unterschiedlich

MATERIAL UND BAUWEISE: Umgestürzte, von Insekten oder Verrottung ausgehöhlte Baumstamm-Segmente, an beiden Enden mit gegerbtem Hexapede-Leder bespannt. Hölzerne Trommelschlegel

Kleine Trommel, wird bei geselligen Tänzen von einzelnen Na'vi benutzt; größere Trommeln werden bei Ritualen von vier bis fünf Na'vi bespielt.

Die Trommeln werden bei geselligen Ereignissen und den meisten Ritualen als musikalische Begleitung gespielt. Sie werden aus kurzen Stücken von Stämmen oder Ästen umgestürzter Bäume hergestellt, die durch Larven oder natürliche Verrottung ausgehöhlt wurden. Beide Enden werden mit Hexapede-Leder bespannt.

Die besten Trommeln lassen sich angeblich aus dem Holz von Unidelta-Bäumen herstellen. Dieser Baum wird schon zu Lebzeiten von besonderen Insekten mit Glühlarven befallen, die komplizierte Gänge durch das Holz bohren, was jedoch das Wachstum der Bäume nicht beeinträchtigt. Stürzt der Baum um, ziehen die Larven zum nächsten und lassen einen von Kanälen durchzogenen Baumstamm zurück. Die Kanäle verleihen dem Holz eine ungewöhnliche Resonanzqualität.

Gesellige Tänze werden von Trommeln unterschiedlicher Größe begleitet. Die größeren Trommeln jedoch, deren Klangkörper von den Larven gebildet wurde, werden nur bei rituellen Anlässen eingesetzt, vor allem im Zusammenhang mit dem Uniltarum oder der Traumjagd. Die großen Trommeln werden von vier oder fünf Trommlern gleichzeitig mit großen, schweren Trommelschlegeln bespielt.

PENDELPAUKE

FUNKTION: Begleitungs- und Rhythmusinstrument bei Stammesfesten

NA'VI-NAME: *T'riti so jahmka* oder *ganti'a hiru'taya* (»Fliegender Baum«)

GRÖSSE UND GEWICHT: Höhe bis 2,5 Meter, Gewicht bis 100 Kilogramm

MATERIAL UND BAUWEISE: Großer holziger Kürbis mit beidseitig gekappten Enden, Paukenfell aus Sturmbeest-Blasen. Pauke wird mit Lianen an der Seite eines Unidelta-Baumstamms befestigt

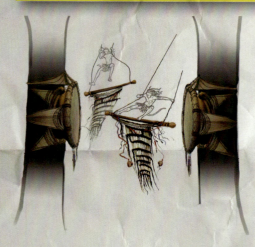

Diese Pauken tönen ungewöhnlich laut, da sie an einem hohlen Baumstamm befestigt sind, der den Ton noch weiter verstärkt. Der Paukist positioniert sich auf einer trapezförmigen Schaukel aus einem starken Ast. Beide Enden des Asts sind gepolstert und fungieren als Paukenschlegel. Der Na'vi schaukelt nun zwischen zwei Pauken hin und her, wobei er bei jedem Schwung selbst auf die Trommel schlägt, bevor die Schaukel dagegen schlägt. Dann springt der Trommler von der Schaukel, sodass sie selbstständig weiterschwingt und -paukt. Mehrere Paukenarrangements können mit unterschiedlich langen Schaukeln gespielt werden, wodurch ein chaotischer Rhythmus entsteht.

Wegen der ungleichmäßigen Schaukelbewegungen ist ein geregelter Rhythmus kaum möglich. Nur sehr geschickte Paukisten können ein rhythmisches Schlagen herbeiführen. Deshalb wird dieses Instrument nicht bei Tänzen eingesetzt, jedoch zur Begleitung bestimmter Lieder und beim Traumjagdtanz.

Mitunter kommt es zu Unfällen, wenn einzelne Na'vi unter dem Einfluss von kava, einem leicht berauschenden Getränk, versuchen, auf einem dieser Geräte zu trommeln.

Na'vi-Paukisten stehen auf trapezähnlichen Schaukeln, die sie durch Körperbewegung gegen die Pauken schlagen lassen. Unfallgefahr. Wird mit wilder Begeisterung ausgeübt.

PENNANEMONOID CILIARE

ALLGEMEINER NAME: Anemonid

NA'VI-NAME: *Fngapsutxwll* (»Die Metall-suchende«)

WISSENSCHAFTLICHER NAME: *Pennanemone ciliare* (»Blättriger [oder Haariger] Anemonid«)

BOTANISCHE BESCHREIBUNG: Großes Waldkraut mit flachem Blütenkelch und haarähnlichen Blättern; gleicht einer Seeanemone. Die flache, teller-förmige Oberfläche ist mit Fleisch verdauenden Enzymen bedeckt

ÖKOLOGIE: Größtenteils fleischfressend. Fängt Insekten auf flacher, klebriger Oberseite. Absorbiert als einzige pandoranische Pflanze auch kleine Men-gen von Unobtanium

ETHNOBOTANIK: Botanische Besonderheit. Auf Pandora keine spezifische Nut-zung; Erdbotaniker untersuchen die Möglichkeit, die Pflanze für die Bodenent-seuchung einzusetzen

Der Anemonid zählt zu den fleischfressenden Pflanzen Pandoras, die sich hauptsächlich durch andere Organismen ernähren und nicht durch Photosyn-these. Der große, tellerförmige Oberteil der Pflanze ist mit einer klebrigen, aroma-tischen Substanz bedeckt, die Insekten anlockt, die sich dann aber nicht mehr daraus befreien können. Der Insektenkörper wird von den Verdauungsenzymen aufgelöst und liefert der Pflanze Nitrogen und andere wichtige Nährstoffe.

Auch in anderer Hinsicht ist der Anemonid recht einzigartig: Statt wichtiger Minerale absorbieren seine Wurzeln Metalle aus dem Boden. Deshalb reagiert die Pflanze auf Magnetfelder, eine Eigenschaft, die von den ersten Forschern Magnetonastik genannt wurde. Trägt man einen metallischen Gegenstand an der Pflanze vorbei, wendet sie sich diesem zu.

Auf der Erde wird derzeit die Eignung von Anemoniden zur Entseuchung schwermetallbelasteter Böden erforscht, bislang ohne schlüssige Erkenntnisse.

Würde der Export zur Erde erlaubt, dürfte die Pflanze wegen ihrer Beweglich-keit rasch zur Modepflanze in Gartenzentren werden.

SIE IST BEREITS AUF DER ERDE ANGEKOMMEN: BEI PITTS-BURGH WIRD SIE AUF VERSEUCHTEN BÖDEN EINGESETZT. ENORMES POTENZIAL AUF DEM GANZEN GLOBUS.

FLASKA RECLINATA

ALLGEMEINER NAME: Giftkitzler

NA'VI-NAME: *Txumtsä'wll* (»Giftverspritzende Pflanze«)

WISSENSCHAFTLICHER NAME: *Flaska reclinata* (»Geneigte Flasche«)

BOTANISCHE BESCHREIBUNG: Große Pflanze mit geneigtem, flaschenförmigem Korpus, der von überirdischen Wurzeln gestützt wird. Ein Bündel steifer, schmaler Blätter schützt eine kleine Öffnung an der Spitze. Die Pflanze absorbiert atmosphärische Gifte und löst sie in einer Flüssigkeit auf, die im Korpusinnern gespeichert wird

HÖHE: 6 bis 7,5 Meter

BREITE: 9 bis 12 Meter

ÖKOLOGIE: Der Giftkitzler wurde erst kürzlich entdeckt und erinnert an einen hohlen Baum. Seine Fähigkeit zur Absorption, Kondensation und Reinigung atmosphärischer Giftgase ist von großer Bedeutung

Der Giftkitzler gleicht keiner irdischen oder pandoranischen Pflanzenart. Er gleicht einem großen hohlen Baum und wächst gewöhnlich nicht gerade, sondern schräg. Die Spitze wird von einem Bündel großer dünner Blätter verziert; lange Wurzeln wachsen vom Korpus zum Boden, verankern die Pflanze und halten den schweren Pflanzenkörper aufrecht. Die Oberfläche ist rau und grün, da sie mit einer moosähnlichen Substanz überzogen ist. Der Belag schützt sie vor Hitze und harten Umwelteinflüssen.

Der Giftkitzler ist eine der wichtigsten Pflanzen Pandoras und eine der gefährlichsten. Er trägt dazu bei, die Atmosphäre zu entgiften. Giftige Gase (größtenteils vulkanischen Ursprungs) werden von der Pflanze absorbiert und zu einer wässrigen Flüssigkeit aufgelöst, die im Korpusinnern gesammelt wird. Durch diese »Ursuppe« erhöht sich der Innendruck, sodass periodisch ein Giftstrahl durch die Öffnung an der Spitze ausgestoßen wird. Die Na'vi wissen die Pflanze zu schätzen, kennen aber auch ihre Gefährlichkeit und meiden sie im Allgemeinen.

> Extrem gefährlich aufgrund des regelmäßigen explosiven Ausstoßens eines Giftstrahls.

BANSHEBA TERRESTRE

ALLGEMEINER NAME: Paradies-Todesfee

NA'VI-NAME: *Awaiei*

WISSENSCHAFTLICHER NAME: *Bansheba terrestre*, nach den Banshees, den Todesfeen der irischen Mythologie. »Terrestre« bedeutet »von der Erde«

BOTANISCHE BESCHREIBUNG: Große, krautige Pflanze mit röhrenförmigem Korpus, langen Stacheln und großen essbaren Samen. Bläst der Wind durch die Korpusröhre, entsteht ein Heulen wie von Todesfeen

HÖHE: 7 Meter

BREITE: 7 bis 8 Meter

ÖKOLOGIE: Reagiert auf Wärme von lebenden Organismen und dreht sich danach. Schießt zur Verteidigung giftige Stacheln ab

Die Paradies-Todesfee ist eine der gefährlichsten pandoranischen Pflanzen, weil sie Giftstacheln gezielt abschießen kann. Sie reagiert auf die Infrarotstrahlung warmer Objekte (Tiere, Menschen) und kann ihren röhrenförmigen Korpus in die entsprechende Richtung drehen, um auf die Quelle der Strahlung zu schießen. Die sich an den Stacheln befindlichen Giftdrüsen können in höherer Dosis tödlich wirken.

Die Na'vi blasen manchmal durch die Röhre, um den Klagelaut hervorzurufen und Eindringlinge zu warnen.

Trotz ihrer Giftigkeit ist sie auch eine Nahrungsquelle. Die Samen können leicht geerntet werden, da sie am Stamm in der entgegengesetzten Richtung hängen, in die die Pflanze zielt.

Samen aufgrund des Geschmacks sehr begehrt, aber für Nicht-Na'vi schwierig zu ernten.

MÖGLICHER NUTZEN ALS NATÜRLICHE VERTEIDIGUNGSANLAGE UM EINE EINRICHTUNG. PANDORA-ANHÄNGER ERFORSCHEN DIE PFLANZE WEGEN IHRER EIGENSCHAFTEN ALS ORGANISCHER WÄRMEDETEKTOR.

Erntefrucht

FUNKTION: Nahrungsmittel

GRÖSSE UND GEWICHT: Unterschiedlich; Durchmesser bis 60 Zentimeter, Gewicht 5 bis 9 Kilogramm

QUELLE: Verschiedene Bäume und Pflanzen

BESCHREIBUNG: Wie ein großer Teil der pandoranischen Flora und Fauna wachsen auch die Erntefrüchte zu kolossaler Größe. Die Riesenfrüchte finden sich auf einer Vielzahl von Bäumen in der Nähe des Heimatbaums und dienen als wichtige Nahrungsquelle. Die Frucht wird zerschnitten und sofort verzehrt oder in große Blätter gewickelt und gelagert

Wraps

FUNKTION: Nahrungsmittel, gut geeignet für die Versorgung auf Jagd und beim Nahrungssammeln, wird auch im Heimatbaum regelmäßig gegessen

NA'VI-NAME: *Nikt'chey*

GRÖSSE UND GEWICHT: Unterschiedlich, gewöhnlich etwa Na'vi-Handgröße

MATERIAL UND BAUWEISE: Verschiedene Nahrungsmittel werden in essbare Blätter gewickelt

BESCHREIBUNG: Die Na'vi sind stolz auf ihre vielfältigen Zubereitungsarten von Fleisch, Gemüse, Samen, Gewürzen und Früchten. Die einzelnen Stämme bereiten nikt'chey jeweils unterschiedlich zu, je nachdem, was ihnen die örtliche Flora und Fauna liefert

BANANENFRUCHT

FUNKTION: Nahrungsmittel

NA'VI-NAME: *Utu mauti* (»Stoßfrucht«)

GRÖSSE UND GEWICHT: 10 bis 13 Zentimeter lang, 2,5 bis 5 Zentimeter Durchmesser

QUELLE: *Utral utu mauti* (»Stoßfruchtbaum«)

Diese Spezies wächst schwer erreichbar hoch in den Baumwipfeln und gilt deshalb als besonderer Leckerbissen. Nur mit viel Glück findet man eine essbare Frucht auf dem Boden. Die Na'vi sparen die Frucht bis zur Rückkehr auf, um sie auch den anderen zeigen zu können. Es gehört zum guten Ton, die Frucht einer geliebten oder befreundeten Person anzubieten – die sie mit dem Hinweis ablehnen muss, dass Eywa diese Frucht für den Finder vorgesehen habe. Das kleine Ritual, dass der Beschenkte so tut, als würde er in die Frucht beißen, wird als Scherz allgemein belacht, da es völlig inakzeptabel wäre, das Geschenk tatsächlich anzunehmen. Unter Jugendlichen kommt es dabei zu einem scherzhaften Gerangel, wenn der Finder die Frucht »zurückerkämpfen« muss. Wenn dabei die Frucht zerquetscht wird, bekommt sie niemand, was dann erst recht Heiterkeitsstürme auslöst.

DRÜCKUNG DURCH UNS ERDMENSCHEN
HABEN SICH DIE NA'VI EINE NATÜRLICHE
HEITERKEIT UND FREUDE ÜBER PANDORAS
~~REICH IHRE BEDROHUNG ES SIND~~ ER-
TEIL IHRER GEMEINSCHAFTSKULTUR.

LUCINARIA FIBRIATA

ALLGEMEINER NAME: Zweite Sonne

NA'VI-NAME: *Penghrrap* (»Warnt vor Gefahr«)

WISSENSCHAFTLICHER NAME: *Lucinaria fibriata*
(»Lampe mit Fransen«)

BOTANISCHE BESCHREIBUNG: Krautige Pflanze
mit bauchigen Blättern, die eng am Stängel stehen. Blätter stark biolumineszent. Un-
geschlechtliche Vermehrung. Nervensystem
verleiht der Pflanze tierähnliche Intelligenz und
ebensolches Reaktionssystem

ÖKOLOGIE: Bei Stress oder Gefahr beginnen
Blätter zu leuchten. Pflanze dient im Wald als
Warnposten

Die »Zweite Sonne« gehört zu den vielen Lebensformen Pandoras, die
ein einfaches Nervensystem entwickelt haben, und löst deshalb unter Forschern
Erstaunen (oder Verwirrung) aus. Sie ist auch wegen ihres hoch entwickelten Bio-
lumineszenz-Mechanismus bemerkenswert: Die Blätter sind bauchförmig und erinnern an Lampen, wenn sie zu leuchten beginnen. Sie können herannahende
Gefahren anhand der Stresshormone lebender Organismen spüren. Die Na'vi
erkennen an der Farbintensität der Leuchtblätter, ob die Gegend ruhig ist oder ob
Gefahren drohen.

Die Vermehrung erfolgt ungeschlechtlich; der Organismus kann sich
selbst gewissermaßen »klonen«. Wird ein Blatt abgeworfen, entwickeln sich
daran Adventivwurzeln und es wächst zu einer neuen Pflanze heran. Die
Na'vi sammeln diese Blätter und pflanzen sie an Wegen und Kreuzungen als
Wächter vor herannahenden Gefahren.

Für diese Pflanze gäbe es auf der Erde einen riesigen Markt, etwa als
natürliche Garten- oder Landschaftsbeleuchtung, die keinerlei negative
Umweltwirkungen hätte. Die potenziellen Wirkungen auf das Ökosystem der
Erde wurden jedoch noch nicht erforscht.

WÄRE AUCH ALS
BIOLÜGENDETEKTOR
VERWENDBAR. KÖNNTE
RDA-INFORMANTEN UND
-SPIONE IDENTIFIZIEREN!

Na'vi können an der Farbintensität der Blätter herannahende
Gefahren »ablesen«. Leuchtende Blätter werden auch als
Beleuchtung genutzt.

FELINAFOLIA FERRUGINEA

ALLGEMEINER NAME: Katzenohr

NA'VI-NAME: *Pamtseowll* (»Musikpflanze«)

WISSENSCHAFTLICHER NAME: *Felinafolia ferruginea* (»Katzenähnliche Blätter« sowie: »Rostfarbe«, »ferruginea«)

BOTANISCHE BESCHREIBUNG: Holzbildende Zooplanta mit Stamm, der von modifizierten Blättern umgeben ist, die Katzenohren gleichen

ETHNOBOTANIK: Die Blätter werden von den Na'vi gesammelt und als Instrumente (hufwe, Windinstrument) oder als Kinderspielzeug benutzt

Das Katzenohr ist eine höchst ungewöhnliche Spezies. Es ist sowohl schön als auch musikalisch und verfügt über pflanzliche und tierische Eigenschaften. Der allgemeine Name ist von der Form ihrer Blätter abgeleitet, die am ganzen Stamm wachsen. In den Blättern befinden sich Griffel, die aus dem Blatt herausragen und wie Schnurrbarthaare aussehen. Streicht der Wind über einen mit Blättern bedeckten Stamm, beginnen die Griffel zu schwingen und erzeugen einen bestimmten Ton, der je nach Blattgröße unterschiedlich hoch ist. Auf diese Weise klingt jeder Baum wie eine kleine Windsymphonie.

Von der musikalischen Eigenschaft abgesehen, besitzt die Pflanze auch die Fähigkeit, sich in Richtung eines vorbeigehenden Organismus zu drehen und ihm »nachzuschauen«. Auf Menschen wirkt dies höchst beunruhigend, da sie sich ständig »beobachtet« fühlen.

Durch dieses auffällige Verhalten des Katzenohrs wurden Xenobotaniker erst auf diese seltsame Kreatur aufmerksam, die auf der Evolutionsgrenze zwischen Pflanze und Tier steht.

Vögel nisten in den becherförmigen Blättern des Katzenohr-Baums.

Hufwe-Instrumente

Funktion: Schmuck, Musikspielzeug für Kinder

Na'vi-Name: Hufwe (»Wind«)

Material und Bauweise: Pfeifen aus Grashalmen oder schmalen Blättern. Flöten aus ausgehöhlten Zweigstücken, manchmal mit Greifloch

Mit *Hufwe* werden Blasinstrumente bezeichnet, bei denen zur Tonerzeugung eine Luftsäule zum Schwingen gebracht wird. So wird etwa bei einer Grashalmflöte ein Halm oder schmales Blatt zwischen die Finger gelegt und darüber geblasen. Dabei beginnt der Halm zu schwingen und erzeugt einen hohen Ton.

Das Katzenohr wird sehr häufig verwendet. Blätter unterschiedlicher Größe werden auf einer Unterlage befestigt; die Luft darin wird durch Blasen zum Schwingen gebracht und es entstehen unterschiedliche Töne. Füllt man Wasser in ein Blatt, lässt sich durch die Luftverdrängung die Tonhöhe regulieren – so ähnlich wie bei der irdischen Flaschenmusik. Ein geübter Spieler kann damit einfache Melodien erzeugen. Die Grashalmflöte wird von den Na'vi hauptsächlich für kurze Pfeifgeräusche bei Tänzen und Stammesfesten verwendet.

Na'vi-Kinder lernen frühzeitig alles, was sie zum Überleben brauchen, teilweise durch vereinfachte Versionen von Volksliedern. So wird oft das Wissen über Jagd, Reiten, Feuermachen, Weben und Kochen durch Gesänge, Sprechgesänge oder rhythmisches Sprechen vermittelt. Viele dieser Gesänge handeln von Pflanzen und Tieren Pandoras. Dadurch lernen die Kinder zugleich die Umwelt kennen: welche Tiere freundlich sind und welche gefährlich, welche Dinge essbar oder zu meiden sind und wie man allem Leben mit Achtung begegnet. Andere Lieder, die von Eltern und Kindern in der ruhigen Familienzeit gesungen werden, handeln von den Sagen und der Geschichte der Na'vi und von ihrer Verbindung zum Mond.

PSEUDOCENIA ROSEA

ALLGEMEINER NAME: Kelchpflanze

NA'VI-NAME: *Yomioang* (»Tierfresser«)

WISSENSCHAFTLICHER NAME: *Pseudocenia rosea*, wegen Ähnlichkeit zur irdischen Trompetenpflanze Sarracenia und deren rosa Farbe. Gattungsverwandt mit Schreckenspferd-Pflanze und Blätterkrugpflanze

BOTANISCHE BESCHREIBUNG: Große, trompetenförmige, fleischfressende Pflanze mit blassrosa Färbung. Enthält sehr viel Nektar als Lockstoff für Kleintiere

HÖHE: 5 bis 6 Meter

BREITE: Maximal 1,5 bis 2 Meter

ÖKOLOGIE: Tiere werden im Trichter gefangen und können nicht entkommen. Verdauungsenzyme im Pflanzeninnern zersetzen das Tier

Die Kelchpflanze ist eine der drei bisher entdeckten trompetenförmigen Pflanzen und die größte fleischfressende Pflanze, die jemals entdeckt wurde. Ihr einziges großes Blatt ist zu einer Kelch- oder Posaunenform eingerollt. Das kleine Wurzelsystem dient nur dazu, die Pflanze aufrecht zu halten. Die Nährstoffe werden durch die Verdauung von Kleintieren und kaum durch Absorption aus dem Boden gewonnen. Tiere werden durch den Nektar im Blütenkelch angelockt und stürzen ins Blattinnere, das mit harten, nach unten gerichteten Härchen ausgekleidet ist. Unten ertrinken sie im Wasser, das sich im Kelch angesammelt hat und das Verdauungsenzyme enthält, die den Kadaver für die Nährstoffaufnahme zersetzen.

> Durch die enorme Größe der Kelche können darin auch Menschen gefangen werden. Na'vi-Kinder lernen sehr schnell, wie gefährlich die Pflanze ist; dies wird ihnen durch einen lustigen, fast komisch wirkenden Tanz vermittelt.

DIE KELCHPFLANZE WURDE BEREITS IN DIE RDA – DATENBANK FÜR KRANKHEITEN UND TODESURSACHEN AUFGENOMMEN, DA FÜR MEHRERE TODESFÄLLE VON KOLONISTEN VERANTWORTLICH.

PSEUDOCYCAS ALTISSIMA

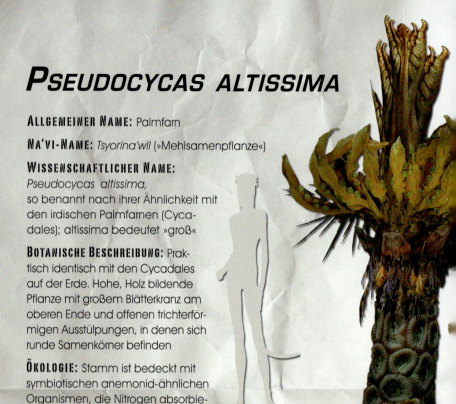

ALLGEMEINER NAME: Palmfarn

NA'VI-NAME: *Tsyorina'wll* (»Mehlsamenpflanze«)

WISSENSCHAFTLICHER NAME:
Pseudocycas altissima,
so benannt nach ihrer Ähnlichkeit mit
den irdischen Palmfarnen (Cycadales); altissima bedeutet »groß«

BOTANISCHE BESCHREIBUNG: Praktisch identisch mit den Cycadales
auf der Erde. Hohe, Holz bildende
Pflanze mit großem Blätterkranz am
oberen Ende und offenen trichterför-
migen Ausstülpungen, in denen sich
runde Samenkörner befinden

ÖKOLOGIE: Stamm ist bedeckt mit
symbiotischen anemonid-ähnlichen
Organismen, die Nitrogen absorbieren und es der Pflanze zuführen

ETHNOBOTANIK: Samenkörner werden eingeweicht, um Nervengifte her-
auszulösen, und dann zu Mehl gemahlen

Der pandoranische Palmfarn gleicht sehr stark den in tropischen Gebieten der Erde
verbreiteten Cycadales, die dort durch Fossilienfunde schon vor bis zu 325 Millionen
Jahren nachweisbar sind. Im Zeitalter der Dinosaurier waren sie stark verbreitet.

Zwar ist denkbar, dass sich identische Lebensformen auf zwei Planeten
entwickeln; aufgrund der geologischen und atmosphärischen Unterschiede
zwischen Erde und Pandora vermutet man jedoch, dass der Palmfarn
durch einen beim Asteroideneinschlag in Yucatán ins All geschleuderten
Meteor nach Pandora transportiert worden sein könnte. Da aber hierzu
eine ungewöhnliche Ereigniskette nötig gewesen wäre, wird diese Theorie
inzwischen von den meisten Xenobotanikern und Astronomen abgelehnt.

Die pandoranischen Palmfarne leben in enger Verbindung mit Nitrogen
bindenden Organismen, die Anemoniden gleichen und an ihren Stämmen
siedeln. Im Unterschied zu irdischen Palmfarnen sammeln sich jedoch in den
Pflanzen keine Giftstoffe an; ihre Samen können daher von den Na'vi zu Mehl
verarbeitet werden.

Da Palmfarne auf der Erde selten geworden sind, untersuchen Botaniker derzeit die Möglichkeit, die Pflanze zu importieren. Zwar könnte die Nitrogen-Fixierung auch auf der Erde durch eine blau-grüne Alge in den Wurzeln erfolgen; es ist jedoch anzunehmen, dass die symbiotischen Anemoniden in der Erdatmosphäre nicht gedeihen würden. Diese Algen produzieren ein Neurotoxin, das Symptome ähnlich dem Lou-Gehrig-Syndrom hervorruft. Doch die Schönheit und Seltenheit der Pflanze könnte sie im Gartenbau zu einem Verkaufsschlager machen.

Auf der Erde ist aufgrund der globalen Verbreitung der Cyca-dalen und der Ausformung von kontinentspezifischen Unter-gruppen davon auszugehen, dass die Pflanze bereits vor dem Auseinanderbrechen des Superkontinents Pangaea existierte.

DIE CHANCEN, DASS IRDISCHE SPOREN NACH PANDORA GELANGT SEIN KÖNNTEN, SIND VERSCHWINDEND GERING. DAS IST NICHTS WEITER ALS DIE ÜBLICHE RDA-PROPAGANDA, UM DEREN ÜBERGRIFF AUF DEN MOND ZU RECHTFERTIGEN.

ÜBERFÜHRUNG PANDORA-NISCHER PFLANZEN UND TIERE AUF DIE ERDE

Im 21. Jahrhundert war infolge des globalen Handels die Übersiedlung von Pflanzen, Tieren, Mikroben und anderen Organismen auf die Erde gang und gäbe. Oftmals wurden die exotischen Spezies wegen ihrer Verwendbarkeit als Nahrungsquelle, Rohstoffe und zu sonstigen Zwecken eingeführt. Manchmal geschah dies jedoch auch unabsichtlich. Oder aber absichtlich eingeführte Spezies entflohen, passten sich an die Umgebung an und verbreiteten sich weiter, wenn die neue Umgebung günstig war und natürliche Feinde fehlten.

Manche Spezies schlüpfen in ihre neuen Lebensräume und bleiben buchstäblich jahrelang unbemerkt, während sie sich weiter vermehren; bei anderen werden Vermehrung, Krankheiten und Schädlinge von Anfang an genau überwacht und notfalls durch die Behörden bekämpft.

Das würde zunächst einmal auch für pandoranische Pflanzen und Tiere gelten, würden sie jemals auf die Erde übergesiedelt. Selbst wenn sie dort überlebten, wären die Auswirkungen für die Ökosysteme der Erde erst nach langwierigen Forschungen abschätzbar. Die Geschichte hat bewiesen, dass ein einziger mikroskopisch kleiner Krankheitserreger in einer ohnehin anfälligen Umwelt eine Katastrophe für die eingeborenen Spezies wie auch für die Menschen auslösen kann. Solche Risiken dürfen nicht eingegangen werden.

WEN KÜMMERT DAS SCHON? BEWUSST BETRIEBENE DESINFORMATION GEHÖRT BEI DER RDA ZUM ALLTAGSGESCHÄFT UND HILFT IHR, SICH DIE ABSOLUTE KONTROLLE ÜBER JEDE KOMMERZIELLE AKTIVITÄT IM HINBLICK AUF DIE FLORA PANDORAS ZU VERSCHAFFEN. ALLES, WAS UNS HILFT, UNS SELBST ZU RETTEN, IST DAS RISIKO WERT.

PSEUDOPENTHES CORALIS

ALLGEMEINER NAME: Dakteron

NA'VI-NAME: *Yomhi'ang* (»Kleiner Insektenfresser«)

WISSENSCHAFTLICHER NAME: *Pseudopenthes coralis,* so benannt nach der Ähnlichkeit zur irdischen fleischfressenden Pflanze Nepenthes und zur Meereskoralle

BOTANISCHE BESCHREIBUNG: Krautige Pflanze mit hoch entwickeltem Blatt für das Einfangen von Insekten. Auffällige Blüte mit bauchiger, korallenähnlicher Struktur, die Lockduft für Insekten verströmt

HÖHE: Etwa 60 Zentimeter

BREITE: Ebenso

ÖKOLOGIE: Kletterpflanze, rankt sich vom Boden an Bäumen hoch; erreicht große Höhen

Das Dakteron hat Ähnlichkeit mit der insektenfressenden irdischen Pflanze Nepenthes, ebenfalls eine Kelchpflanze. Wie diese hat auch das Dakteron ein großes Blatt, das zu einem hängenden Kelch oder Trichter modifiziert ist. Das Trichter-

innere ist mit nach unten gerichteten steifen Härchen bedeckt, sodass gefangene Insekten nicht mehr entweichen können. Die übrigen Blätter der Pflanze sind schwertförmig und von blauer Farbe.

Die Dakteron-Blüte ist ebenfalls hoch entwickelt und weist zwei Ausbuchtungen an ihrer Basis auf, die mit Poren bedeckt sind, sodass sie wie Meereskorallen erscheinen. Die hellblauen Blüten verströmen einen lieblichen Duft, dem Insekten nicht widerstehen können. Kriecht ein Insekt über den Rand in das Innere des Kelchs, wird es gefangen und verdaut.

Die bemerkenswerten Eigenschaften der Pflanze beim Einfangen von Insekten werden von den Na'vi genutzt, die sie in der Nähe ihrer Siedlungen anpflanzen, um stechende Insekten abzuwehren. Auf der Erde könnten diese Eigenschaften in den von Stechmücken verseuchten Regionen am Äquator nützlich sein.

Wird als natürliche Insektenfalle in der Nähe von Siedlungen angebaut.

PANDORA-AKTIVISTEN FÜHREN MIT ERFOLG EXPERIMENTE AUF DER ERDE DURCH, UM MITHILFE DER PFLANZE FLUSSBLINDHEIT UND ANDERE VON INSEKTEN ÜBERTRAGENE KRANKHEITEN ZU BEKÄMPFEN.

CANDEA INFLATA

ALLGEMEINER NAME: Tigerzahn

WISSENSCHAFTLICHER NAME: *Candea inflata*. Kernbedeutung »glitzern«; »inflata« verweist auf den überdimensionalen Stamm

BOTANISCHE BESCHREIBUNG: Großer Baum mit überdimensional wirkendem Stamm, komplizierter Rinde und langen röhrenförmigen Blättern, die in einem Büschel aus der Stammspitze wachsen. Starke Harzproduktion am Stamm, die sich in den Blattspitzen aufstaut. Bei starkem Stau leuchten die Blattspitzen, als Zeichen, dass Harz bald abfallen wird

HÖHE: 12 bis 15 Meter

BREITE: Schlanker Stamm, 0,5 bis 1 Meter, Krone 3,5 bis 4,6 Meter

ÖKOLOGIE: Wichtige Funktion im Ökosystem durch Absorption von atmosphärischen Giftgasen und Vermischung mit Pflanzenöl, woraus Harz entsteht

ETHNOBOTANIK: Harz wird von Na'vi gesammelt und als Klebstoff verwendet

Der Tigerzahn ist ein stattlicher Baum, der an eine Wunderkerze erinnert. Er ist astlos; sämtliche Blätter stehen in einem Büschel auf der Spitze. Die Blätter sind lang, röhrenförmig und flexibel, sodass sie im Wind schwingen. Die komplexe Rinde des Stamms ist gepanzert, um den Baum vor Insekten und Nagetieren zu schützen.

Der Tigerzahn absorbiert atmosphärische Giftgase und verbindet sie mit Säuren und Ölen zu einem vielfach verwendbaren Harz. Der Pflanze dient es zur Verteidigung gegen Insekten und krankheitserregende Organismen. Es wird zu den Blattspitzen transportiert, wo es sich in Drüsenhaaren sammelt und nachts durch ein helles Leuchten sichtbar wird.

Hat sich genügend Harz angesammelt, wird es von den Blattspitzen abgestoßen und »regnet« zu Boden. Die festen Harzkugeln werden von den Na'vi gesammelt und als natürlicher Klebstoff verwendet. Proben von Tigerzahnharz werden derzeit auf der Erde untersucht, um die Verwendbarkeit der Substanz für neue Plastikmaterialien oder nachwachsende Bioenergie zu prüfen.

EFFIZIENTERE ENERGIEQUELLE ALS JEDE ANDERE NACHWACHSENDE SUBSTANZ AUF DER ERDE; BEMERKENSWERT HOHE ENERGIEAUSBEUTE. RDA UNTERDRÜCKT GEZIELT INFORMATION UND ANWENDUNG, UM KONTROLLE ÜBER GLOBALEN ENERGIEMARKT ZU BEHALTEN.

Aloeparilus succulentus

Allgemeiner Name: Dapophet

Na'vi-Name: *Paywll* (»Wasserpflanze«)

Wissenschaftlicher Name: *Aloeparilus succulentus.* Ähnelt der irdischen Aloe. Name bedeutet »aloe-ähnlich« und »fleischig«

Botanische Beschreibung: Pflanze mit dickem Stamm und großen, fleischigen Blättern mit Dornen an der Stammspitze. Kleinere, sackähnliche fleischige Blätter wachsen am Stamm

Höhe: Bis zu 2,5 Meter

Breite: 1,5 Meter

Ökologie: Fleischige Blätter am Stamm speichern Wasser und werden von durstigen Tieren gefressen. Blätter an der Spitze schießen Dornen auf den Stamm hinunter, wenn zu viele Blätter entfernt werden

Der Dapophet ist eine ungewöhnliche Pflanze, die Wasser im Gewebe speichern kann. Die Blätter an der Krone sind prall mit einer gelartigen Substanz gefüllt; aufgrund ihrer Heilwirkungen benutzen sie die Na'vi zur Schmerzlinderung und bei Verbrennungen und Verletzungen, in gemahlenem Zustand als Mittel gegen Magenverstimmung und innere Krankheiten.

Auch die fleischigen, saftigen Blätter am Stamm speichern Wasser und sind bei den Na'vi als transportable Wasserspender beliebt. Sie pflücken sie und saugen unterwegs daran. Wird ein Blatt gepflückt, wächst ein neues nach. Dennoch ist beim Ernten Vorsicht geboten, da die Blätter an der Spitze manchmal Dornen zum Stamm hinunterschießen, wenn zu viele Blätter entfernt werden.

VIELFÄLTIG NUTZBARE PFLANZE, WICHTIG FÜR DAS LEBEN DER NA'VI. BLÄTTER AN KRONE HABEN HEILWIRKUNG. NA'VI PFLÜCKEN SAFTIGE BLÄTTER ALS WASSERSPENDER. ZÄHFLÜSSIGER SAFT DIENT ALS INSEKTENMITTEL. POTENZIELLER WERT FÜR PHARMAZEUTISCHE ANWENDUNGEN KAUM ZU ÜBERSCHÄTZEN.

CROQUEMBOUCHE COLUMNARE

ALLGEMEINER NAME: Episoth

NA'VI-NAME: *Pxorna'* (»Explodierender Samen«)

HÖHE: 7,5 bis 9 Meter

BREITE: 1,5 bis 1,8 Meter auf Bodenhöhe

WISSENSCHAFTLICHER NAME: *Croquembouche columnare,* so benannt wegen Ähnlichkeit zu französischer kegelförmiger Windbeuteltorte

BOTANISCHE BESCHREIBUNG: Baum mit schmalen Blättern an langen Ästen. Reiche Blütenpracht und große stachelige Früchte, die explosionsartig aufplatzen und Samen in schleimiger Substanz verspritzen, die überall haften bleiben

ETHNOBOTANIK: Samen essbar und köstlich schmeckend. Schleimsubstanz wird als Hautstraffungsmittel verwendet. Großes Marktpotenzial für Kosmetika und industrielle Stoffe

Der Episoth ist ein Baum mit hoch entwickelter Samenverbreitung. Die großen stacheligen Früchte wachsen aus Blumen, die auf den Zweigen sitzen. Wenn sie reif sind, explodieren sie und schleudern den Samen in alle Richtungen. Die Samen sind mit einer klebrigen, säurehaltigen Substanz bedeckt. Kleben die Samen an einem Untergrund fest, zum Beispiel an anderen Bäumen, Tieren oder Na'vi-Haut, greift die Säure den Haftgrund an, sodass sich die Samen besser festsetzen und zu keimen beginnen können.

Die Na'vi sammeln sowohl die Samen als auch die Klebesubstanz; letztere verwenden sie als Hautstraffungsmittel. Die Samen schmecken köstlich und werden als stark proteinhaltige Nahrung verwendet.

HAUTKREBSRATE HAT WEGEN AUSDÜNNUNG DER OZONSCHICHT REKORDHÖHE ERREICHT. VERDÜNNTE EPISOTH-PASTE IST HERVORRAGENDES MITTEL ZUR HAUTVERJÜNGUNG UND FÖRDERT DIE REGENERATION DER HAUTZELLEN. WIRD IN RDA-LABORS HERGESTELLT. ABGABE WIRD STRENGSTENS ÜBERWACHT.

FLASKA ASCENDENS

ALLGEMEINER NAME: Hookagourd

NA'VI-NAME: *Txll'u*

WISSENSCHAFTLICHER NAME: *Flaska ascendens*; Kernwörter »Flasche« und »nach oben strebend«

BOTANISCHE BESCHREIBUNG: Hoch wachsende, urnenförmige fleischfressende Pflanze. Zweige am Pflanzenkorpus verbreitern sich nach unten hin und brechen schließlich ab. Zweige bilden neue Pflanzen, wenn sie wurzeln

ÖKOLOGIE: Blüten an den Zweigspitzen locken Vögel und Kleingetier an. Die Tiere werden in den unentrinnbaren röhrenförmigen Zweigen gefangen und können sich nur noch tiefer hinein bewegen. Im unteren, bauchigen Teil des Pflanzenkörpers werden sie von Enzymen umschlossen und verdaut

ETHNOBOTANIK: Na'vi ernten Zweige und stellen daraus Schalen und Krüge her

Der fleischfressende Hookagourd fängt und verdaut Vögel und Kleintiere. Die Pflanze benötigt diese Nährstoffe, da sie nur ein kleines Wurzelsystem entwickelt hat. Jeder Ast endet in einer Blüte, die stark duftet und reichlich Nektar enthält, um Beute anzulocken. Die Tiere kriechen auf der Suche nach dem Nektar tiefer in den röhrenartigen Zweig, der innen mit steifen, nach unten gerichteten Härchen ausgekleidet ist, sodass ein Entkommen nicht mehr möglich ist. An der auffälligen Verbreiterung am Ende jedes Zweigs ist zu erkennen, dass sich dort organisches Material der verdauten Tiere ansammelt.

Aus den Zweigen fertigen die Na'vi Schalen und Krüge, die auf der Erde als Raritäten gelten. Den großen Hauptbauch der Pflanze (gourd) lassen sie unangetastet, damit er neue Zweige ausbildet, sodass die Pflanze zu einer Fabrik für nützliche Produkte wird.

MEHRERE SCHALEN UND KRÜGE DIESER PFLANZE STEHEN HEUTE IN MUSEEN ODER IN PRIVATSAMMLUNGEN VON RDA-BOSSEN. SO VIEL ZU DEN »GEFAHREN«, DIE ANGEBLICH MIT DEM EXPORT VON PANDORANISCHEN PFLANZEN ZUR ERDE VERBUNDEN SIND.

FUNGIMONIUM GIGANTEUM

ALLGEMEINER NAME: Octoshroom

NA'VI NAME: *Torukspxam* (»Großer Leonopteryx-Pilz«, so benannt nach der enormen Größe des Pilzes und seiner Hyphen)

WISSENSCHAFTLICHER NAME: *Fungimonium giganteum* (»Riesenpilz«)

BOTANISCHE BESCHREIBUNG: Riesiger violettfarbener Pilz mit schirmartigem Fruchtkörper; gleicht den Pilzen der Erde. Biolumineszent mit hellviolettem Schein. Hochgradig giftig

HÖHE: Bis zu 3 Meter

BREITE: Schirmdurchmesser ebenfalls

ÖKOLOGIE: Riesiges unterirdisches Netzwerk von Hyphen, die verrottende Materie aus dem Boden aufnehmen. Der Pilz kann fast alle Mineralien und Gifte auf Pandora absorbieren, darunter auch manche radioaktive Stoffe

Der violette Riesenpilz Octoshroom steht im Höhenwuchs vielen anderen pandoranischen Pflanzen nicht nach. Vermutlich ist sein Gigantismus der geringeren Schwerkraft und dichteren Atmosphäre auf Pandora zuzuschreiben; manche Botaniker halten dies jedoch für eine Folge der unterirdischen radioaktiven Strahlung von Uranoxiden und Xenon-Isotopen.

Der größte Teil des Pilzes lebt im Untergrund als weit ausgebreitetes Netz von Hyphen (Myzel). Manche Hyphen dringen in Pflanzenwurzeln ein und absorbieren Kohlenhydrate, liefern aber im Austausch mineralische Nährstoffe. Das Myzel kann nahezu jede Substanz im Boden absorbieren, darunter Ammoniak, Methan, Chlor, verschiedene Arten von Nitrogen und Xenon. Genauere Untersuchungen zeigten, dass der Pilz ionisierende Strahlung als Energiequelle für sein Wachstum nutzt. Auf der Erde wurde 1986 nach der Reaktorkatastrophe von Tschernobyl eine ähnliche Pilzart entdeckt, deren Bedeutung aber erst erkannt wurde, als man auf Pandora den Riesenpilz entdeckte und untersuchte.

Sporen des Octoshroom keimen und bilden neue Hyphen, wo immer sie landen. Sie könnten per Raumschiff durchaus den Weg zur Erde gefunden haben, obwohl man bislang noch kein Exemplar entdeckt hat. Derzeit wird die Verwendung des Pilzes in der Pharmaindustrie und für die Schadstoffbeseitigung getestet.

STELLEN WIR UNS NUR VOR, DIE WÜSTEN VON NEVADA WÜRDEN MIT OCTOSHROOM BEPFLANZT! SO KÖNNTE DIE GESAMTE REGION ENTGIFTET WERDEN!

Tee aus Octoshroom-Hyphen ist ein wirksames Mittel gegen giftige Insektenstiche. Zu viel kann allerdings schädlich sein und sogar zum Tod führen.

SALTARUS PENDULUS

ALLGEMEINER NAME: Bohnenrankenpalme

NA'VI-NAME: *Tautral* (»Himmelsbaum«)

WISSENSCHAFTLICHER NAME: *Saltarus pendulus* (»Weinender Tänzer«)

BOTANISCHE BESCHREIBUNG: Waldbaum mit hohem Stamm und langen, lanzenförmigen Blättern. Wächst zu ungewöhnlicher Höhe. Artverwandt mit Rasiermesserpalme

HÖHE: Ausgewachsen bis zu 150 Meter

BREITE: Bis zu 15 Meter

ÖKOLOGIE: Kleinere Bäume bieten dichten Schatten. Blätterdach der Krone wird von vielen Vögeln und Tieren für Nestbau genutzt

ETHNOBOTANIK: Ranken werden für Herstellung von Netzen und Fallen verwendet. Flüssigkeit in der Schale hat Heilwirkung

Die Rankenpalme verdankt ihren Namen der Fähigkeit, in der dichten Atmosphäre und geringeren Schwerkraft Pandoras sehr hoch zu wachsen. Als junger Baum spendet sie Schatten; ihre fasrigen Blätter sind vielfältig nutzbar, etwa zur Herstellung von Matten, Körben, Zügeln und Sätteln.

Im Unterschied zur Rasiermesserpalme hat die Rankenpalme keine scharfkantige Rinde und ist leicht zu erklettern. Unter dem Blätterdach der Krone nisten oft Vögel und kleine Klettertiere.

Ausgewachsen kann der Baum eine auf der Erde unvorstellbare Höhe erreichen und überragt auch auf Pandora die meisten anderen Bäume. Wer keine Höhenangst hat, kann ihn erklimmen, muss jedoch am Wipfel mit starken Winden rechnen, was den Anstieg gefährlich macht. Die Blätter können auch zur Herstellung eines Klettergeschirrs verwendet werden. Die Na'vi nutzen die höheren Bäume auch als Ausguck und als Start- und Landeplätze ihrer Ikrans.

Maraca aerii

Allgemeiner Name: Panopyra

Na'vi-Name: *Tawtsngal* (»Himmelsschale«)

Wissenschaftlicher Name: *Panopyra aerii.* Benannt nach ihrer Ähnlichkeit zu Musikinstrument und Wachstum »in der Luft«

Botanische Beschreibung: Saftreiche, blattlose, schalenförmige Pflanze, wächst auf anderen Pflanzen. Wird als Tierpflanze angesehen, da sie über primitive Empfindungszellen verfügt, die einfachen Nervenzellen ähneln

Höhe: 15 Zentimeter in Höhe der Schale

Breite: Schale bis 46, meistens ungefähr 30 Zentimeter

Ökologie: Schalenförmiger Körper fängt Tau- und Nebelwasser sowie Mineralien auf. Fühlerähnliche Ranken erspüren und locken Beute an. Insekten und Kleingetier ertrinken in der Schale und werden verdaut

Ethnobotanik: Ranken werden für Herstellung von Netzen und Fallen verwendet. Flüssigkeit in der Schale hat Heilwirkung

Die Panopyra ist eine ungewöhnliche Lebensform; sie weist Eigenschaften auf, die denen einer Qualle ähneln. Sie gleicht keiner anderen Pflanzenart auf der Erde; möglicherweise stellt sie einen neuen Entwicklungsschritt dar und steht mit ihrem einfachen Nervensystem und ihrer Ernährung von toter Materie irgendwo zwischen Pflanzen, Tieren und Pilzen. Die Panopyra ist eine Epiphyte (»Aufsitzerpflanze«), wächst also typischerweise auf anderen Pflanzen, manchmal hoch oben in den Baumwipfeln.

Statt sich in Richtung Schwerkraft zu orientieren, erspüren die rankenähnlichen Stängel eine Beute und richten sich auf sie aus. Die Beute wiederum wird von schwachen elektrischen Signalen angelockt, die von den Stängeln ausgehen, sowie von dem nährstoffreichen Wasser im schalenähnlichen Korpus der Pflanze – ein doppeltes Locksystem, das der Panopyra reichlich Nahrung sichert, sodass sie auf Photosynthese nicht angewiesen ist.

Die Na'vi sammeln die in der Schale enthaltene Flüssigkeit, ein nährstoffreiches und heilendes Getränk. Die flexiblen Stängel werden für die Herstellung von Fallen, Netzen und für sonstige Webarbeiten genutzt. Die Stängelspitzen gelten als Lockstoff und Aphrodisiakum und werden oft von jungen Na'vi getragen, die auf Partnersuche sind.

Erdbotaniker gaben der Pflanze den Spitznamen »Liebesblume«.

DER MARKT FÜR SEXUELL STIM
LIERENDE UND »STÄRKENDE«
TEL WIRD VON DER RDA REGUL
ERT. HOHE NACHFRAGE!

CAPSULATUM VIRGATUM

ALLGEMEINER NAME: Popsicle

NA'VI-NAME: *Somtìlor* (sinngemäß: »Heiße Schönheit«)

WISSENSCHAFTLICHER NAME: *Capsulatum virgatum,* so genannt wegen Kapselform und Streifenmuster

BOTANISCHE BESCHREIBUNG: Krautige Pflanze mit farbenprächtigem, kapselförmigem Stängel, gezeichnet durch abwechselnde grüne und rosa Querstreifen. Dünne, schmale orangefarbene Blätter wachsen in spiralförmiger Anordnung aus dem Stängel

ÖKOLOGIE: Absorbiert Xenon aus Boden und Luft und speichert es in dem verbreiterten Stängel. Wichtige Entgiftungsfunktion durch Neutralisierung von Strahlungen

Der rundliche, farbenfrohe Popsicle ist keinesfalls so harmlos, wie er aussieht. Die leuchtenden Farben entstehen durch elektrische Entladungen des Edelgases Xenon, das auf Pandora in hoher Konzentration vorkommt. Die Pflanze nimmt das Gas aus Boden und Luft auf und speichert es in besonderen Zellen im Stängel. Die dort sitzenden Organellen können hohe Xenon-Konzentrationen aufnehmen, darunter auch instabile Isotopen, die sich im radioaktiven Verfall befinden. Aufgrund der in diesen Zellen ablaufenden Reaktionen ist die Temperatur der Popsicles gewöhnlich mehrere Grad wärmer als die der Umgebung. Die gespeicherten Produkte werden nicht ausgeschieden.

Forscher versuchen herauszufinden, ob die Pflanze zur Schadstoffbeseitigung (Entseuchung von Böden nach Nukleartests) eingesetzt werden kann. Auf Pandora wird diese Pflanze im Allgemeinen nicht gestört.

> Pflanze hat für die Na'vi keinen Nutzen. Wird von ihnen gemieden, da sie geringfügig radioaktiv ist und Gefahr der Explosion besteht.

Obesus rotundus

Allgemeiner Name: Softball-Baum

Na'vi-Name: *Rumut* (»Ballbaum«)

Wissenschaftlicher Name: *Obesus rotundus.* Kernbedeutung: »dick« und »rund«

Höhe: Große Bäume bis über 15 Meter

Breite: Äste bis 6 Meter

Botanische Beschreibung: Hoher Baum mit großen kugelförmigen Gebilden am Ende der Äste. Absorbiert giftige Gase aus Luft und Natrium aus dem Boden

Ökologie: Wichtige Pflanze zur Entgiftung der Atmosphäre. Wenn die kugelförmigen Gebilde ihre maximale Größe erreicht haben, lösen sie sich und steigen in die Atmosphäre auf

Ethnobotanik: Na'vi ernten die Blätter, um daraus Kochsalz zu gewinnen. Blätter werden an Tiere verfüttert

Der Softball-Baum wird als eine der wichtigsten Spezies Pandoras angesehen. Er spielt eine entscheidende Rolle beim Erhalt der Umweltstabilität. Die an der Spitze des Baumes und den Astenden wachsenden Kugeln saugen toxische Gase aus der Atmosphäre.

Obwohl der Baum an sich nicht gefährlich ist, meiden die Na'vi generell die Kugeln, da diese ohne Vorwarnung explodieren können. Durch die Explosion wird der Samen des Baumes weit verstreut.

Der Softball-Baum nimmt auch Natrium aus dem Boden auf, das er auf die Oberfläche seiner Blätter leitet. Die Na'vi sammeln die Blätter und gewinnen daraus Salz für ihre Speisen. Diese wichtige Funktion fiel auch den Menschen auf, die Proben zur Erde schickten. Erforscht wird, ob sich der Baum zur Verbesserung von salzigen, unfruchtbaren Böden nutzen lässt, die durch zu intensive Bewirtschaftung und durch Abwässer zerstört wurden.

> Große Kugeln explodieren manchmal, wenn der Innendruck durch die Konzentration von Hydrogengas und Natriumhydroxid zu hoch wird.

Scorpioflora maxima

ALLGEMEINER NAME: Skorpiondistel

NA'VI-NAME: *Txumpaywll* (»Giftwasserpflanze«)

WISSENSCHAFTLICHER NAME: *Scorpioflora maxima*. Name bedeutet »große skorpionähnliche Pflanze«

BOTANISCHE BESCHREIBUNG: Große, krautige Pflanze mit einzelner, gigantischer farbenprächtiger Blüte an der Spitze

ÖKOLOGIE: Pflanze wird von großen Vögeln bestäubt. Blüten scheiden säurehaltige Flüssigkeit ab, die den Boden unter der Pflanze reinigt und Wachstum der Keime fördert, eine Art »Nachwuchspflege«

ETHNOBOTANIK: Na'vi sammeln Pflanzensaft zur Herstellung von Medizin und Pfeilgiften mit betäubender, jedoch nicht tödlicher Wirkung für die Jagd

Die Skorpiondistel ist eine seltene Pflanze; sie bringt nur eine einzige Blüte an der Spitze ihres Stängels hervor. Sie entwickelte sich in Koevolution mit einer bestimmten Vogelspezies; nur diese Vogelart kann sie bestäuben. Wie bei einigen Koevolutionen von Pflanzen und Insekten auf der Erde führte auch diese Beziehung zur gegenseitigen Anpassung: Der Schnabel des Vogels passt perfekt in die kleine Öffnung der Blüte, wo sich der Nektar befindet; gleichzeitig werden Pollen übertragen.

Die Pflanze hat eine weitere Besonderheit entwickelt: Sie bereitet den Boden für ihren eigenen Samen, indem sie eine hochgradig säurehaltige Flüssigkeit in den Boden absondert, die dort andere Organismen abtötet und sogar größere Gesteinspartikel in eine nährstoffhaltige Substanz umwandelt. Die reifen Samen finden auf dem so vorbereiteten Boden ideale Keim- und Wachstumsbedingungen vor. Diese Form von »Nachwuchspflege« ist bei Pflanzen außerordentlich selten.

SALTCELLAR GRACILIS

ALLGEMEINER NAME: Rasiermesserpalme

NA'VI-NAME: *Pxiut* (»Scharfer Baum«)

WISSENSCHAFTLICHER NAME: *Saltcellar gracilis*. Kernbedeutung: »anmutiger Tänzer«; artverwandt mit Bohnenrankenpalme

BOTANISCHE BESCHREIBUNG: Waldbaum mit langen Zweigen, an denen schmale, bänderartige Wedel stehen. Rinde aus scharfen, rasiermesserähnlichen Schuppen

HÖHE: Bis zu 12 Meter

ETHNOBOTANIK: Fasern der Palmwedel werden zur Herstellung von Webmatten und Körben verwendet. Ihre Ernte ist schwierig, da hohe Verletzungsgefahr. Aufgrund der Biegsamkeit und leicht klebrigen Unterseite sind sie als Lasso zum Einfangen von Ikrans bestens geeignet

Die Rasiermesserpalme ist eine der nützlichsten Pflanzen Pandoras. Die fasrigen Wedel werden zu Matten und Bannern gewoben oder zu Körben, Lassos, Zügeln und Sätteln geflochten. Die harten Blätter haben jedoch extrem scharfe Kanten, sodass bei der Ernte hohe Verletzungsgefahr besteht. Mit ihren langen schmalen Wedeln bewegt sich die Palme schon bei der kleinsten Brise; es ist daher nicht ungefährlich, sich in der unmittelbaren Nähe der Palme aufzuhalten, sofern es nicht absolut windstill ist. Bei der Ernte der Blätter ist ferner auf die sehr scharfen Schuppen der Rinde zu achten.

Die Na'vi benutzen die Wedel auch als »singendes Tuch«. Dabei werden sie mit winzigen Zwischenräumen geflochten; bläst der Wind hindurch, entstehen unterschiedliche Töne. Solche »Tücher« werden als Banner für Zeremonien verwendet, dienen aber auch dazu, quengelige Kleinkinder zu beruhigen.

> Das lockere Blätterdach und die schmalen Wedel der Palme lassen den Wind leicht durch, sodass ein pfeifendes Geräusch entsteht, wenn sich die Blätter im Wind bewegen.

Ikran-Bola

Funktion: Bola zum Zähmen von Tieren. Auch als Fessel verwendbar

Na'vi-Name: *Meresh'ti cau'pla* (»Sehe nichts«)

Grösse und Gewicht: Länge ca. 2 Meter, Gewicht 5,5 Kilogramm

Materials: Aus Fasern der Rasiermesserpalme geflochten, ähnlich zäh und widerstandsfähig wie irdische Palmwedel. Wird an einem Ende mit faustgroßem Stein beschwert und bleibt aufgrund klebriger Oberfläche am Tier haften. Ränder werden abgeschliffen, um Verletzungen zu vermeiden

Jugendliche Na'vi erlernen die vollkommene Beherrschung der Bola als eine der wichtigsten Fähigkeiten von frühester Jugend an (zuerst als Spielzeug, dann als formelle Ausbildung). Ein Na'vi braucht Jahre, um die richtige Technik zu erlernen. Ohne hervorragendes Geschick mit der Bola wird ein junger Jäger die entscheidende Phase der Ikinmaya, des Initiationsritus, nicht bestehen können, in der er einen Ikran fangen und sich mit ihm verbinden muss.

In dieser Ikimaya-Phase muss sich der Na'vi an einen Ikran anschleichen und die Bola blitzschnell werfen, sodass sie sich um Schnauze und Augen des Tiers wickelt. Das Tier wird momentan geblendet, was dem Lasso auch seinen Namen gibt (»Sehe nichts«), und ist damit kurzzeitig wehrlos, sodass der Na'vi auf seinen Rücken springen und seinen Neuralzopf mit dem des Tieres verbinden kann. In diesem Augenblick, dem ein erster Flug folgt, wird ein lebenslanges Band zwischen Jäger und Ikran geschlossen. Allerdings führt ein ungenauer Wurf zu einem wütenden Angriff des Ikran, was Verletzungen oder sogar den Tod des Na'vi zur Folge haben kann.

KÖRBE

FUNKTION: Aufbewahrung und Transport von Nahrungsmitteln und Materialien

NA'VI-NAME: *Feru m'predu'k*

GRÖSSE UND GEWICHT: Unterschiedlich

MATERIAL UND BAUWEISE: Kompliziert geflochtene Palmwedelfasern (auch der Rasiermesserpalme); Holzgriff; Fäden; Schmuckperlen

Die meisten Na'vi-Körbe weisen ein Muster auf, das einem chinesischen Fingerspiel ähnelt. Der Rand der Korböffnung lässt sich mithilfe eines Holzgriffs enger ziehen. Beim Aufhängen oder Tragen schließt sich somit der Korb. Beim Absetzen schiebt man den Griff nach unten, sodass sich der Korb wieder öffnet. Diese Bauweise findet sich bei den meisten Na'vi-Körben.

5 IRDISCHE TECHNOLOGIE AUF PANDORA

Bei der ungesteuerten Ausbeutung der Erde haben wir Wasser, Land und Himmel verdorben, was die Konzerne zwingt, außerhalb der Erde neue Profitquellen zu erschließen: im Weltraum, auf dem Mond und dem Mars und schließlich auf Pandora. Ihre Profitgier und die Erschöpfung der natürlichen Rohstoffe haben einen gewaltigen technischen Fortschritt ausgelöst. Für Unobtanium werden immer noch neue Anwendungsmöglichkeiten entdeckt, was sich für Wirtschaft und Technologie der Erde als Segen erweisen könnte. Zugleich jedoch ist der wachsende Bedarf an der supraleitenden Substanz eine fortdauernde Bedrohung für Pandora und die Na'vi.

Als die RDA auf Pandora Fuß fasste, stellte sie fest, dass ein Großteil der irdischen Technologie (auch Waffen und Fahrzeuge, die bereits als veraltet gelten) in der rauen pandoranischen

Umwelt gut funktionieren. Der AMP-Panzeranzug zum Beispiel ist für das hochgiftige Pandora sehr gut geeignet.

Statt der neuesten Versionen ferromagnetischer Waffen, die heute auf
der Erde benutzt werden, bevorzugen die privaten Sicherheitskräfte der
RDA traditionelle Explosivgeschosse. In den Jahrzehnten seit ihrer Ankunft
auf Pandora hat die RDA dort eine gut funktionierende automatisierte
Fabrik aufgebaut, die ihren gesamten Bedarf an Fahrzeugen, Waffen und
Munition produziert. Alle Waffen sind so gebaut, dass sie trotz der starken
magnetischen Felder funktionieren. Die verschiedenen Robodozer, Erdbe-
wegungsmaschinen und Slash-Cutter, die die letzten kläglichen Reste des
irdischen Regenwalds dezimieren, arbeiten ebenfalls gut. Und das mächtige
CARB-Waffensystem, das erfolgreich zur Aufstandsbekämpfung auf der Erde
eingesetzt wurde, kommt nun gegen die pandoranischen Tiere und die Na'vi
zum Einsatz. In der Tat könnten sich die ständigen Reisen nach Pandora,
die dank der Antimaterie-Maschinen der ISV-Flotte möglich sind, für das fra-
gile, sterbende Ökosystem der Erde als sehr heilsam erweisen. Wieder trägt
unsere Technologie gleichermaßen Rettung und Verderben in sich.

RDA

Die größte nicht staatliche Organisation der Menschheit, die Resources Development Administration (RDA), hat ein Monopol auf alle Produkte, die von Pandora oder irgendeinem anderen Ort außerhalb der Erde geliefert, dort gewonnen oder dort entwickelt werden. Diese Rechte wurden der RDA dauerhaft von der Interplanetary Commerce Administration (ICA) verliehen unter der Bedingung, dass sie sich an einen Vertrag hält, der Massenvernichtungswaffen verbietet und die militärische Macht im Weltraum beschränkt.

Die RDA hat Millionen Aktionäre und ==ist die älteste sogenannte quasi-staatliche Verwaltungseinheit (QSE).== Ihre Ursprünge waren freilich bescheiden: Als Garagenfirma wurde sie von zwei Jungunternehmern im frühen 21. Jahrhundert mit geliehenem Geld gegründet.

Nach einigen Jahrzehnten war sich jedoch so groß, dass sie den Aufbau eines weltumspannenden Transitsystems vorschlagen konnte, mit dem ganze Bevölkerungsgruppen bequem Hunderte oder Tausende von Kilometern pendeln konnten. So konnte ihre Arbeitskraft verwertet werden, ohne dass sie die kulturellen Werte der jeweiligen Gastbevölkerung beeinflussten. Dies führte zu dem heutigen weltweiten Netz der Maglev-Züge, für deren Betrieb das supraleitende Unobtanium benötigt wird.

Die ersten Expeditionen der RDA nach Pandora waren ein gewaltiges Risiko: Allein der Bau der ISV Venture Star strapazierte die Kapitalreserven des Unternehmens bis zum Äußersten. Dank der exklusiven Schürfrechte für Unobtanium (dessen Wert zurzeit auf 40 Millionen Dollar pro Kilo geschätzt wird) und der Gewinne durch antivirale Mittel, Biokraftstoffe und Kosmetika zahlte sich die Investition jedoch aus.

Avatare

Allgemeiner Name: Avatar

Na'vi-Name: *Uniltirantokx,* oder »Körper eines Traumwandlers«

Beschreibung: Der geklonte Na'vi-Humanoid wird auf der Erde in vitro produziert und reift dann auf der fast sechsjährigen Reise nach Pandora zum erwachsenen Exemplar heran. In den Embryo des Avatars wird genetisches Material des Menschen eingebaut, der ihn später steuert. Nur so entwickelt sich die anatomische Struktur, die für die mentale Verbindung benötigt wird

Das Avatar-Programm sollte zunächst Minenarbeiter produzieren, die dann problemlos auf Pandora leben und dortige Nahrung zu sich nehmen können. Doch die Kosten des mentalen Verbindungssystems waren für die benötigte Zahl von Arbeitern zu hoch. Avatare werden heute nur noch für die Feldforschung benutzt und um mit den Na'vi zu interagieren und sie zu erforschen. Zunächst bestand die Hoffnung, dass sie als inoffizielle Botschafter der Menschheit fungieren könnten, doch die Na'vi stehen den Mischwesen in der Regel mit einer Mischung aus Misstrauen und Verachtung gegenüber.

Der geklonte Avatar hat die Körperstruktur und Physiologie eines pandoranischen Eingeborenen, aber die für die mentale Verbindung notwendigen menschlichen Gene bewirken, dass er fünf statt vier Finger und Zehen und kleinere Augäpfel hat. Die Ursache ist unbekannt.

ISV *VENTURE STAR*

FUNKTION: Interstellares Raumfahrzeug für den Transport von Personal, Nachschub, Ausrüstung und Daten zwischen Erde und Pandora

OFFIZIELLER NAME: Capital Star Class Interstellar Vehicle Venture Star, Hull Number 1

HERSTELLER: Ein Konsortium von Raumfahrzeugherstellern unter Kontrolle der RDA

ANTRIEB: Hybride Materie-Antimaterie-Fusion

GRÖSSE: Gesamtlänge 1646 Meter, Gesamtbreite 330 Meter, Gesamthöhe 218,5 Meter

REISEGESCHWINDIGKEIT: 208 320 km/s oder 70 Prozent der Lichtgeschwindigkeit. Gebündelte Energie in der Beschleunigungsphase, hybride Materie-Antimaterie-Energie in der Bremsphase

Die ISV *Venture Star* ist eines von zehn Raumschiffen, das auf etwa 2/3 der Lichtgeschwindigkeit beschleunigen kann. Sie wurde gebaut, um eine große Nutzlast an Personen und Material zu transportieren und in außerirdischen Welten geschäftliche und wissenschaftliche Außenposten einzurichten. Inzwischen wird sie zur Ausbeutung der Ressourcen auf Pandora eingesetzt.

Das Schiff wirkt geradezu zerbrechlich, weil es für die Schwerelosigkeit gebaut wurde. Hinten liegen die beiden Antriebseinheiten. Sie sind durch einen langen, schlanken Rumpf mit dem Wohnmodul der Besatzung, den Kälteschlafkammern der Passagiere und dem Laderaum verbunden.

Schon sehr früh wurde erkannt, dass ein konventioneller Raketenantrieb für interstellare Reisen völlig ungeeignet ist. Da ein interstellares Raumschiff annähernd mit Lichtgeschwindigkeit reisen muss, muss der Rückstoß des Antriebs ebenso schnell sein. Dies schloss die Verwendung chemischer Treibstoffe aus. SF-Fans träumten im 20. Jahrhundert von »Dilithium-Kristallen« und dem »Warp-Antrieb«, aber diese Erfindungen wurden nie gemacht. Wir müssen uns mit einer Technik begnügen, die auf dem heutigen Erkenntnisstand der Physik beruht. Visionäre konzentrierten sich auf die Fusion von Materie und Antimaterie. Nur die gewaltige Energie, die dabei entsteht, ist als Antrieb für interstellare Raumfahrzeuge geeignet.

DER ANTRIEB

Der Antrieb beruht auf der Fusion von Materie und Antimaterie. Die Antimaterie ist fast auf den absoluten Nullpunkt gekühlt und zirkuliert als hochverdichtete Wolke von Atomen in einem Magnetfeld, das sich in einem nahezu absoluten Vakuum befindet. Sie wird mit Materie zusammengebracht und die dabei entstehende Energiewolke wird durch ein massives Magnetfeld so ausgerichtet, dass sie am Ende des Schiffes austritt. Die masselosen Photonen der Wolke treiben das Schiff durch ihre enorme Geschwindigkeit voran. Der Rückstoß wird zusätzlich durch Wasserstoffatome verstärkt, die in das Plasma eingespritzt werden, bevor es aus den Maschinen austritt. Die Wolke, die sich hinter dem Raumschiff bildet, ist rund 30 Kilometer lang und eine Million mal heller als der Lichtbogen eines Schweißgeräts. Sie gilt als eines der spektakulärsten von Menschenhand geschaffenen Schauspiele.

Eine der großen technologischen Errungenschaften der Menschheit, das Ergebnis von Jahrhunderten angewandter und theoretischer Wissenschaft. Wird dieses aus Habgier gebaute Fahrzeug unsere Rettung sein? Vielleicht. Es brachte uns nach Pandora, und Pandora ist unsere Hoffnung, der Lichtschimmer am Horizont.

BESATZUNG UND PASSAGIERE

Die beiden Wohnmodule der Besatzung im vorderen Teil des Schiffes sind durch eine Traverse miteinander verbunden, durch die ein druckluftgefüllter Tunnel führt.

Die Passagiermodule sind radial um den Rumpf herum angeordnet und jeweils über einen luftgefüllten Korridor mit ihm verbunden. Die Wände in den Modulen bestehen aus modernsten Verbundstoffen, die sich nicht elektrisch aufladen können, weil sie so gut wie gar kein Metall enthalten. Für die Besatzung und die sogenannten Repair-Bots, die aussehen wie mechanische Hightech-Krabben, ist eine Anzahl von Luftschleusen vorhanden.

In den Passagiermodulen sind auch die Kälteschlafkammern untergebracht, in denen die Passagiere tiefgekühlt und mit Nährstoffen versorgt die Reise verschlafen. Hier liegen Bergarbeiter, Wissenschaftler, Avatar-Lenker und neue Sicherheitsleute. Ebenfalls in diesem Teil des Schiffes befinden sich die Fruchtwasserbehälter, in denen die gentechnisch erzeugten Na'vi-Körper heranwachsen, die später auf Pandora von ihren menschlichen Lenkern »gesteuert« werden.

MATERIE-ANTIMATERIE-REAKTION

FUNKTION: Energieversorgung von Städten auf der Erde und Antrieb für interstellare Raumschiffe

GRUNDLEGENDES PRINZIP: Wenn Materie und Antimaterie aufeinandertreffen, wird ihre Masse vollständig in Energie umgesetzt, wobei eine riesige Energiemenge frei wird

»Materie« ist der Oberbegriff für alle Substanzen, die aus Protonen, Neutronen und Elektronen bestehen. Alles auf der Erde und alles, was wir auf anderen Planeten gefunden haben, besteht aus dieser Art von Materie.

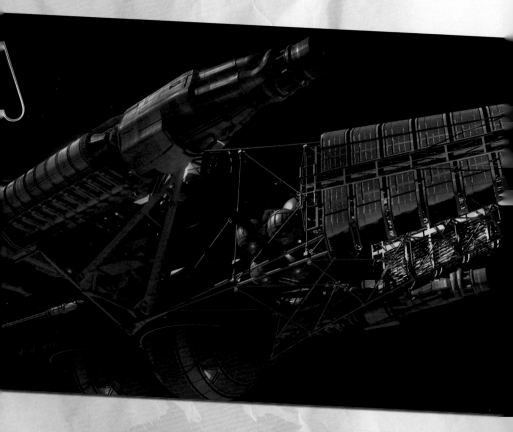

Antimaterie ist eine Art spiegelbildliche Version der normalen Materie: Ihre Atome bestehen aus Antiprotonen, Antineuronen und Antielektronen. Sie kommt in der Natur (außer bei Supernovas und Schwarzen Löchern) nicht vor und kann nur mit Partikelbeschleunigern oder anderen Apparaten hergestellt werden.

Wenn Materie und Antimaterie zusammentreffen, wandeln sie sich in Übereinstimmung mit Einsteins berühmter Formel $E = mc^2$ in Energie um. Dabei steht m für die Gesamtmasse der Materie und der Antimaterie und c für Lichtgeschwindigkeit. Wenn c quadriert wird, entsteht eine riesige Zahl, sodass selbst eine geringe Masse eine riesige Energie produziert. Werden nur 28 Gramm Masse komplett in Energie umgewandelt, reicht dies aus, um fast zwei Billionen Tonnen 30 Zentimeter in die Höhe zu heben.

Die Materie-Antimaterie-Reaktoren galten zunächst als Lösung für Energiemangel und Umweltverschmutzung auf der Erde. Aber durch die Energie entstanden nur weitere Industrieanlagen, und die schwindenden Ressourcen der Erde wurden noch mehr belastet. Im späten 20. Jahrhundert bauten Alger Witzhur und Kada n'Goma den ersten Prototyp eines Materie-Antimaterie-Generators. Doch sie bezweifelten, dass ihr Generator je für etwas anderes als für die Energieversorgung von Großstädten benutzt werden könne. Er brauchte nämlich ein gewaltiges Kühlsystem für die supraleitenden Magneten, die die Materie-Antimaterie-Reaktion steuerten. Tatsächlich nahmen die Energieerzeugungs- und Kühlsysteme im ersten interstellaren Raumfahrzeug dann auch volle zwei Drittel des Raumes ein.

Dann jedoch wurde Unobtanium entdeckt, das auch bei sehr hohen Temperaturen noch supraleitend ist, weshalb der Materie-Antimaterie-Reaktor nicht mehr so aufwendig gekühlt werden musste. Geschwindigkeit und Ladekapazität der Raumfahrzeuge erhöhten sich, was wiederum die Kolonisierung Pandoras möglich machte.

Unglaublich machtvoll, aber schwer im Zaum zu halten, bis nach der Entdeckung von Unobtanium ungemein starke Magnetfelder ohne riesige energiefressende Kühlsysteme hergestellt werden konnten.

SUPERLUMINALE KOMMUNIKATION

FUNKTION: Wird von der RDA für den Kontakt zwischen der Erde und ihren Einrichtungen auf Pandora genutzt

BESCHREIBUNG: Echtzeitkommunikation, die dank eines Schlupflochs in den Gesetzen der Physik funktioniert

Bis vor Kurzem glaubte man, dass Informationen nicht schneller als das Licht übermittelt werden könnten, weil dies entweder in irgendeiner materiellen Form (z. B. als Datenwürfel) oder als modulierte Energie (z. B. in Form langer und kurzer Laserimpulse) geschehen müsse. Alles andere hätte gegen Einsteins sakrosankte Relativitätstheorie verstoßen.

Bei der Erforschung von Elementarteilchen wie Protonen, Neutronen, Elektronen, Photonen, Myonen oder Neutrinos, die im frühen 20. Jahrhundert begann, stellte sich bald heraus, dass sie sich nicht gemäß den Gesetzen der klassischen Newton'schen Physik verhielten. Um das bizarre Verhalten der subatomaren Teilchen zu erklären, wurde die Quantenmechanik entwickelt. Laut einer der neuen Theorien beeinflusst bei zwei Teilchen, die miteinander »verschränkt« sind, eine Messung am einen Teilchen auch die Messung am anderen, und zwar augenblicklich und unabhängig von der Entfernung zwischen den Teilchen.

Leider konnte das Phänomen nicht zur Informationsübertragung genutzt werden, weil sich nicht voraussagen ließ, in welchem Zustand sich das erste Teilchen bei der Messung befinden würde. Wegen dieses Zufallsfaktors gab es keine Möglichkeit, Informationen durch den Zustand zu übermitteln, in dem sich das zweite Teilchen bei der Messung befand.

Es wurden zahlreiche Phänomene entdeckt, die zunächst physikalisch unmöglich erschienen (einige Arten radioaktiven Zerfalls; Strom, der durch Isoliermaterial fließt usw.). Dann jedoch stellte man fest, dass Elementarteilchen unter Umständen (materielle oder energetische) Barrieren überwinden, obwohl dies theoretisch unmöglich erscheint. Dieser »Tunneleffekt« ist bis heute nicht erklärt; er scheint jedoch statistisch voraussagbar zu sein, auch wenn er auf dem Zufallsprinzip beruht.

In den letzten Jahrzehnten entdeckte der Physiker Austin McKinney, dass ein Tunneleffekt entstand, wenn das erste verschränkte Teilchen einem stark oszillierenden Magnetfeld ausgesetzt wurde, und er konnte den Zustand beeinflussen, in dem sich das Teilchen bei der Messung befand, was wiederum augenblicklich den Zustand des anderen Teilchens beeinflusste, gleichgültig, wie weit es entfernt war.

Der Tunneleffekt trat jedoch alles andere als zuverlässig ein. Das Teilchen nahm den gewünschten Zustand nur bei einem von 10000 Versuchen voraussagbar ein, die anderen 9999 waren zufällig. Doch McKinney ließ sich dadurch nicht abschrecken. Er entwickelte ein extrem redundantes, Fehler korrigierendes Kodierungssystem und konnte so eine Übertragungsrate von drei Bit pro Stunde erreichen. Alle modernen superluminalen Kommunikationsgeräte basieren auf dieser Erfindung.

WIR HABEN UNSEREN EIGENEN SENDER UND EMPFÄNGER.

VALKYRIE-SHUTTLE

FUNKTION: Transport von Menschen und Material zwischen interstellarem Raumfahrzeug und der Oberfläche von Pandora

OFFIZIELLER NAME: SSTO-TAV-37 B-class Shuttle Craft

NA'VI-NAME: *Scha-tell*

GRÖSSE: 80,03 Meter breit und 101,73 Meter lang

NUTZLAST: Bis zu 60 bewaffnete Soldaten, 25 AMP-Anzüge, 25 Tonnen gereinigtes Unobtanium und/oder Nachschubmaterial

REICHWEITE: 2000 Kilometer in der Atmosphäre

GESCHWINDIGKEIT: 65 000 km/h beim Verlassen des Gravitationsfelds von Pandora

Die Valkyrie hat eine gewaltige Ladekapazität. Sie ist ungefähr viermal so groß wie die Shuttles des 20. Jahrhunderts. Sie und die anderen Shuttles, die auf Pandora verwendet werden, wurden gehärtet, damit sie den allgegenwärtigen Magnetfeldern gut standhalten. In ihrem Laderaum können Soldaten, AMP-Anzüge, die gesamte erforderliche Munition und andere Lasten transportiert werden, etwa besondere

Laborgeräte, die auf Pandora nicht hergestellt werden können. Ihr Laderaum ähnelt dem eines irdischen Transportflugzeugs, mit Netzen zur Sicherung der Ladung an den Wänden, mit Rollen am Boden, die das Be- und Entladen erleichtern sollen, und mit Klappsitzen und Sicherheitsgurten für die Passagiere an den beiden langen Wänden.

Die wichtigste Aufgabe des Shuttles ist freilich der Transport von Unobtanium von der Oberfläche Pandoras in ein interstellares Raumfahrzeug. Ohne diese Aufgabe wären fast keine Menschen auf Pandora. Das Shuttle ist auch die einzige Verbindung zum Mutterschiff und damit für den langen Rückweg zur Erde.

Wenn die Valkyrie wie ein Pfeil aus dem Weltraum in die Atmosphäre Pandoras eintaucht, erhitzen sich die Vorderkanten ihrer Deltaflügel und ihre durch Kacheln geschützte Nase. Sie geht in den Schwebemodus über, wenn sie sich dem Landeplatz nähert, und sieht dann aus wie ein fensterloser metallener Wolkenkratzer, der sich langsam auf den Boden herabsenkt.

Der Zwillingsfusionsantrieb des Shuttles ist so stark, dass es in weniger als 20 Minuten vom Hell's Gate zum Mutterschiff rast; es erreicht seine Fluggeschwindigkeit, ohne erst durch mehrere Umrundungen Pandoras Schwung holen zu müssen.

Trotz seiner Größe ist seine Masse relativ gering, da sein Rumpf aus einem extrem leichten, nichtmetallischen Verbundstoff besteht. Das Material hat eine hohe Zugfestigkeit, wiegt aber nur ein Viertel des Permalloys, das für frühere Shuttles benutzt wurde. An wichtigen Stellen wurde ein Kohlefaserverbundstoff verwendet, um die Stabilität zu optimieren und Treibstoff zu sparen.

Die beiden Abgasrohre sitzen hinten, und die Triebwerke sind stark vom Ladebereich abgeschirmt. Die am wenigsten radioaktiven Teile des Reaktors liegen direkt neben dem Laderaum. Eine Ladeklappe am Heck kommt beim Be- und Entladen von AMP-Anzügen und großen Fahrzeugen zum Einsatz.

GROUND ASSAULT VEHICLE

FUNKTION: Der Kampfwagen ist dafür gebaut, sich im Gefecht schnell auf unebenem Gelände zu bewegen

OFFIZIELLER NAME: GAV (Ground Assault Vehicle) JL-723 »Swan«

GRÖSSE: 3,6 Meter lang, 1,2 Meter breit

REICHWEITE: 1050 Kilometer

ANMERKUNG: Die Soldaten nennen das Fahrzeug »Hellrider«, weil der Fahrer nur durch seine Panzerweste geschützt ist

Das GAV »Swan« ist der Geländekampfwagen der RDA, er ist mit Permalloy gepanzert und schwer bewaffnet. Der robuste Kampfwagen ist alles andere als schön und sieht manchmal wie eine eiserne Giraffe aus. Aber er ist auf Pandora ein genauso wirksames Kampfmittel, wie er es schon in den wenigen noch existierenden Dschungeln der Erde war.

Der Vorgänger des aktuellen Modells hieß »Dove« (Taube), eine für das Schlachtfeld viel zu feine Ironie. Der jetzige Wagen heißt »Swan«, weil der bis auf 3,6 Meter Höhe ausfahrbare Sitz des Schützen an den langen Hals eines Schwans erinnert. Auf dem hohen Sitz soll er über Hindernisse zwischen sich und seinem Ziel hinwegblicken können. Leider ist er in seiner luftigen Höhe selbst ein dankbares Ziel für den Feind, auch wenn dieser nur mit Pfeil und Bogen bewaffnet ist. Auf der Erde bestand die geheime Aufgabe des »Swan« darin, Feuer auf sich zu ziehen und ein bewegliches Ziel zu bieten, das billiger zu ersetzen war als ein AMP-Panzeranzug oder ein Scorpion-Hubschrauber.

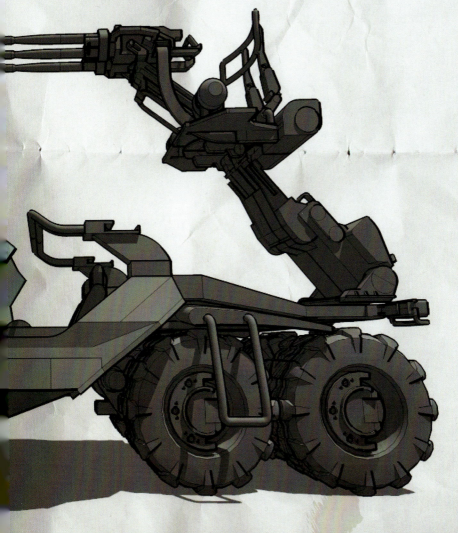

KAMPFHUBSCHRAUBER C-21 DRAGON

FUNKTION: Stabiler, stark bewaffneter, leicht gepanzerter Waffenträger und Truppentransporter mit massivem Waffenarsenal für die Schlacht

OFFIZIELLER NAME: C-21 Dragon Assault Ship

NA'VI-NAME: *Kunsip apxa* oder »Großes Kampfflugzeug«

BEWAFFNUNG: Zielsuchende Waffen, IFF System (Freund-Feind-Identifikation) zur Vermeidung von Angriffen auf die eigenen Leute, dessen Codes vor jedem Einsatz aktualisiert werden. Acht 50-Millimeter-Sentry-Guns, großes Arsenal an Raketenwerfern

GRÖSSE: 41,15 Meter lang, 31,7 Meter breit

GESCHWINDIGKEIT: 220 km/h, wenn vollbeladen

REICHWEITE: Voll beladen 2000 Kilometer

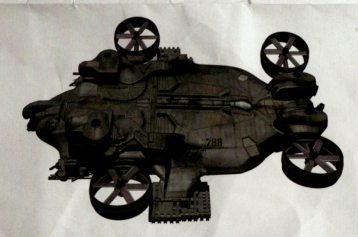

Der Dragon ist ein leicht gepanzerter, turbogetriebener Kampfhubschrauber mit vier Rotoren und gewaltiger Nutzlast und Feuerkraft. Er ist mit vier 50-Millimeter-Sentry-Guns über und unter der Nase, zweien am Schwanz und einer auf jeder Seite bestückt. Die vorderen und hinteren Flügelstummel sind je mit mehreren Raketenwerfern bestückt. Das Cockpit ist luftdicht, aber der Ladebereich ist nach hinten offen. Der Hubschrauber ist so groß wie die größten Frachthubschrauber des 20. Jahrhunderts und doppelt so lang wie der Sikorsky Black Hawk. Er kann feindliche Stellungen durch verheerendes, flächendeckendes Feuer auszuschalten. Der große und langsame Hubschrauber verfügt über zahlreiche Geschütze mit überlappendem Schussbereich, die (ähnlich wie bei der legendären »Flying Fortress« im Zweiten Weltkrieg) einen kompletten Schutzschirm gegen feindliche Luftangriffe bilden. Er gilt als unverwundbar durch pandoranische Tiere und die Waffen der Na'vi.

Der Dragon kann 30 Soldaten mit kompletter Ausrüstung oder eine gewaltige Menge an Munition und Sprengstoffen oder zehn AMP-Anzüge transportieren.

Er wurde gebaut, um feindliche Kräfte in kürzester Zeit mit einer Feuerkraft zu vernichten, die fast einem Atomschlag gleichkommt, und hat sich bei Kriegen und Aufständen den Ruf erworben, dass sein Einsatz für den Feind die totale Vernichtung bedeutet. Einige Dragons wurden mit modernsten Überwachungsgeräten ausgerüstet, um Zieldaten für künftige Einsätze aufzunehmen und zu speichern. Der effektivste Einsatz dieser Kampfmaschinen besteht jedoch darin, direkt zu den feindlichen Stellungen zu fliegen und dort Tod und Vernichtung zu säen.

GENUG FEUERKRAFT, UM IN SECHS SEKUNDEN EIN GEBIET VON DER GRÖSSE MANHATTANS ZU VERWÜSTEN. ABER TROTZ PANZERUNG UND ZAHLREICHER GESCHÜTZE DURCH FEINDLICHEN RAKETENBESCHUSS VERWUNDBAR.

KAMPFHUBSCHRAUBER AT-99 SCORPION

FUNKTION: Begleitschutz bei Start und Landung des Shuttles. Luftunterstützung bei militärischen Expeditionen von Hell's Gate und bei Rodungs- und Bergbauoperationen

OFFIZIELLER NAME: AT-99 Gunship

NAME IM FELD: Scorpion

NA'VI-NAME: *Kunsip*

GRÖSSE: Rumpf ist 12,2 Meter lang und 8,73 Meter breit

GESCHWINDIGKEIT: Max. 360 km/h

REICHWEITE: Beladen mit Menschen und Material 1200 Kilometer

NAVIGATION UND KOMMUNIKATION: Radar- und Sonargeräte vorne, seitlich, oben und unten

BEWAFFNUNG: Seitlich und vorne montierte Luft-Luft- und Luft-Boden-Raketensysteme, zwei Dreizehn-Millimeter-Maschinengewehre

Extrem wendiger Kampfhubschrauber der Mosquito-Klasse. Für den Feind schwer zu treffen, mit einem automatischen Zielsuchsystem mit 94,4 Prozent Treffsicherheit ausgerüstet. Hat sich bei der Aufstandsbekämpfung in Städten und Dschungelgebieten bewährt, bei der es auf Zielgenauigkeit, Schnelligkeit und Manövrierfähigkeit ankommt.

Der AT-99 ist ein senkrecht startender und landender Drehflügler mit zwei Turbinen und einer Panzerung von 12,7 mm. Seine Waffensysteme werden durch einen standardmäßigen Zielsuchbordcomputer gesteuert. Das Cockpit ist luftdicht gegen die Atmosphäre Pandoras abgeschlossen und mit Atemluft versorgt.

Er gleicht ein wenig den Kampfhubschraubern, die im 20. Jahrhundert im Vietnamkrieg und in den Irakkriegen eingesetzt wurden, ist aber sehr viel leistungsfähiger. Wegen der unglaublichen Geschwindigkeit und Genauigkeit seiner Zielerfassung ist er ein unverzichtbares strategisches Kampfmittel der RDA-Sicherheitskräfte.

Er kann bei einer Luftdichte von plus, minus 15 Prozent der Erdatmosphäre operieren. Seine Hubrotoren funktionieren ähnlich wie bei einem normalen Hubschrauber, aber ihre Rotationsgeschwindigkeit ist größer und sie sind schwenkbar, was den Scorpion extrem schnell und wendig macht. Je nach atmosphärischen Bedingungen erreicht er eine Höchstgeschwindigkeit von mehr als 360 km/h. Er kann im Flug mit 2,7 g beschleunigen und abbremsen und hat eine maximale Steiggeschwindigkeit von 545 m/min.

> Das unverkennbare Winseln von Rotoren soll bei der Fauna Pandoras manchmal Massenfluchten auslösen.

WENN SIE HINTER DIR HER SIND, DANN MIT EINEM VON DENEN. BESTE VERTEIDIGUNG: UNTER DIE ERDE!

SA-2 SAMSON TILTROTOR

FUNKTION: Militärischer und ziviler Transporthubschrauber für Menschen und Material. Häufig eingesetzt, um Wissenschaftler und Avatare an abgelegene Orte wie zum Beispiel die Halleluja-Berge zu transportieren

OFFIZIELLER NAME: SA-2 Samson Tiltrotor

NAME IM FELD: Samson

GESCHWINDIGKEIT: Max. 260 km/h

REICHWEITE: 1500 Kilometer

GRÖSSE: 15,9 Meter lang, 14,99 Meter breit

Der Samson Tiltrotor ist auf Pandora der »Lastwagen der Lüfte« und wird vor allem für zivile Aufgaben verwendet. Er kommt oft zum Einsatz, um bei abgelegenen Feldforschungprojekten Menschen und Material abzusetzen. Mit seinem schweren Kran kann er transportable Labors verlegen. Der nur zu seiner eigenen Verteidigung leicht bewaffnete Drehflügler wäre in einem Gefecht leichte Beute, ist aber als Arbeitspferd unentbehrlich. Er hat ein geschütztes Rotorsystem und Schneidwerkzeuge an den Vorderkanten und kann deshalb gut im Regenwald operieren.

Mit einem vorne montierten Raketenwerfer kann er wahlweise Luft-Luft- oder Luft-Boden-Raketen abfeuern, hat aber in der Regel nur wenig Munition an Bord, weil seine Ladekapazität von Personen und zivilen Lasten in Anspruch genommen wird. Er ist etwa so groß wie ein Black Hawk aus dem 20. Jahrhundert, hat zwei Rotoren und eine Panzerung von 12,7 mm. Auf der Erde ist er seit mehr als 100 Jahren im Einsatz, wurde jedoch für die Verwendung in den elektromagnetischen Feldern Pandoras verbessert.

Sein Raketenwerfer wird von einem Standardzielcomputer gesteuert. Außerdem lässt sich bei Bedarf auf beiden Seiten des Frachtraums je ein Maschinengewehr montieren. Das Cockpit ist gegen die pandoranische Atmosphäre abgedichtet und mit Atemluft versorgt. Der Frachtraum ist nicht abgedichtet, deshalb müssen die (maximal zwölf) Menschen, die im Frachtraum mitfliegen können, Atemgeräte tragen.

DIE SAMSONS SIND UNTER
ZIVILEM KOMMANDO. KÖNNEN
LEICHT ENTFÜHRT WERDEN.

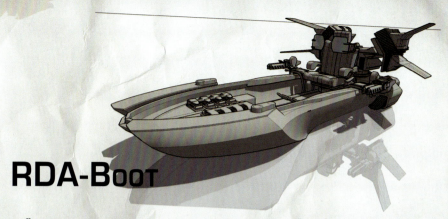

RDA-Boot

FUNKTION: Militärische Operationen und zivile Transporte

OFFIZIELLER NAME: 67-1A Liquid Environment Transport

HERSTELLER: RDA

GRÖSSE: 2,79 Meter lang, 0,96 Meter breit

GESCHWINDIGKEIT: 45 Knoten bei irdischer Meerwasserdichte

BEWAFFNUNG: 30-Millimeter-Sentry-Zwillingskanone, helmgestütztes Look-and-Lock-Zielsystem oder Handbedienung

Das RDA-Boot transportiert Menschen und Material auf Flüssigkeiten, darunter H_2O, aber auch extraterrestrische Flüssigkeiten von größerer oder geringerer Viskosität. Das Modell 67-1A ist ein Viermannboot, das als bewaffnete Eskorte für größere Transporte eingesetzt wird. Es kann auch kleine Teams von Außendienstmitarbeitern oder Wissenschaftlern an ihren Bestimmungsort auf Inseln oder Flussufern bringen. Die beiden Fahrersitze sind jeweils mit einem Plug-in für das Zielsuch- und Feuersystem der Zwillingskanone ausgestattet, die die Hauptbewaffnung des Bootes ist.

Das 67-1A kann bei geheimen Rettungsmissionen eingesetzt werden, besonders in der Nacht. Dank dem patentierten Schleichmodus seines Motors, seinen Anti-Tracking-Systemen und seiner geringen Sichtbarkeit kann es auf feindliches Gebiet vordringen, ohne von akustischen und visuellen Sensoren oder Radar- und Sonargeräten entdeckt zu werden. Das ruderlose Boot wird mit modernster Tragflügeltechnik gesteuert, hilfsweise auch durch beiderseits der Heckplatte montierte Rohre, aus denen Flüssigkeit austritt, deren Druck jeweils separat reguliert werden kann. Weil das Boot kein Ruder braucht, hat es einen sehr geringen Tiefgang und kann auch in Sumpfgebieten bei extrem geringer Flüssigkeitstiefe operieren.

Slash-Cutter

FUNKTION: Rodung für Bergbauunternehmen

OFFIZIELLER NAME: Slash-Cutter (Hochleistungsausführung)

NAME IM FELD: »Pizzaschneider«

GRÖSSE: Durchmesser der Schnittscheibe 2,74 Meter

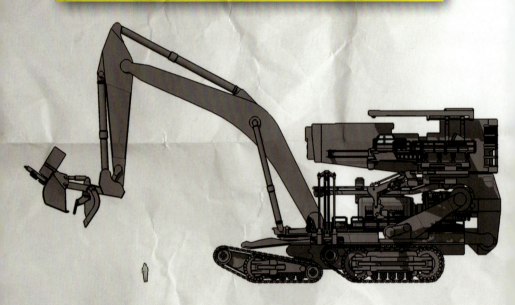

Der Slash-Cutter ist eine rotierende Scheibe, die mit schrägen Zähnen aus einem diamantharten Kohlenstofffaserverbundstoff versehen ist, die bei minimalem Verschleiß für maximale Schneidarbeit sorgen. Die extrem gekühlte Scheibe durchschneidet selbst Material, das fast so hart ist wie Stein. Ein großer Tannenwald kann von einem einzigen Slash-Cutter innerhalb weniger Wochen gefällt werden.

Es gibt viele Arten, einen Wald zu roden. Man kann ihn mit Sprengstoff dem Erdboden gleichmachen oder die Bäume mit machtvollen Maschinen mit der Wurzel ausreißen. Doch der Slash-Cutter steht für die effektivste Methode. Sein Schneidesystem ist selbstschärfend und muss fast nie ausgetauscht werden. Er wird in der Regel auf einen Traktor-Bagger montiert und funktioniert auch unter extremsten Bedingungen. Er sägt Bäume ab, die einen ähnlichen Durchmesser haben, wie einst die Mammutbäume im Nordwesten Amerikas, und zwar mit einer Rate von einem Baum pro Minute. Dabei kann er an seinem Kranarm fast auf Bodenhöhe abgesenkt werden, damit die Baumstümpfe gerade noch lang genug für die Ausreißmaschinen sind.

Der Winkel der Zähne zur Scheibe ist durch Computerberechnungen auf optimale Schnittleistung eingestellt. Da sich die Scheibe mit enormer Geschwindigkeit zwischen zwei Oberflächen dreht, könnte sie leicht überhitzen und ihre Achse und Halterung zum Schmelzen bringen. Um dies zu verhindern, wird sie mit flüssigem Helium gekühlt. Es wird am Kranarm entlanggeleitet und senkt ihre Temperatur so weit ab, dass sie funktionsfähig bleibt. Weil die ultraschnell rotierende Scheibe Kühlmittel und Pflanzenreste verspritzt, muss das menschliche Bedienungspersonal großen Sicherheitsabstand halten.

»Pizzaschneider«, weil ein solcher ebenfalls mit einer Scheibe schneidet. War in Brasilien von unschätzbarem Wert.

VERKÖRPERUNG VON ALLEM, WAS WIR BEKÄMPFEN.

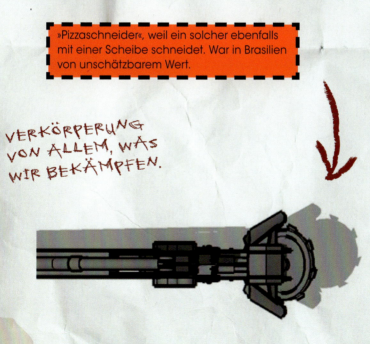

MBS-22A AUTOMATISCHE SENTRY-GUN

EINSATZ AUF PANDORA: Perimetersicherung

HERSTELLER: Masa-Cirre Ltd., Modular Belt Systems Division

WAFFENTYP: Bewachung und Fahrzeugpatrouillen

MUNITION: 20-Millimeter-Rundkugelgeschoss; Stahl-nadel; Überschallgeschoss

SCHUSSFOLGE: Einläufig: 2000 Schuss/min; dreiläufig: 6000 Schuss/min

FEUERMODI (ÜBER FERN-STEUERUNG): Sequenziell, Stoßfeuer oder Einzellauf

LÄNGE: 1889,76 Millimeter

HÖHE: 1310,61 Millimeter

GEWICHT: 110 Kilogramm

Auf Pandora wird die MBS-22A hauptsächlich als automatisierte Waffe für die Sicherung des Außenbereichs eingesetzt. Sie wurde auf den Wachtürmen rund um den Perimeterzaun von Hell's Gate installiert und dient zur Verteidigung gegen Luft- und Bodenangriffe bis zu einer Distanz von 488 Metern. Gegen Raubtiere (Boden und Luft) hat sie sich als sehr wirkungsvoll erwiesen. Sie ist mit drei abwechselnd verwendbaren Läufen ausgestattet.

Die MBS-22A ist ferner mit einem automatischen Zielsystem ausgerüstet, das ursprünglich von der portugiesisch-französischen Waffenschmiede Masa-Cirre entwickelt, später aber in Lizenz von anderen Firmen gebaut wurde. Die Software wird jedoch weiterhin von Masa-Cirre vertrieben. Diese Software ist unter der Bezeichnung MBS (Modular Belt System) bekannt und wird für verschiedene Waffenplattformen verwendet, darunter Flugzeuge, gepanzerte Truppentransporter, befestigte Verteidigungsstellungen usw.

> Waffe hat ein einzigartiges Mündungsfeuer, das bei Schnellfeuer ein Dreiecksmuster zeigt.

Bush Boss FD-11

Einsatz auf Pandora: Flammenwerfer für Einsatz mit AMP-Panzeranzug. Industrielles Entlaubungsgerät, aber auch gegen Fauna einsetzbar

Hersteller: Bush Boss, ein Hersteller tragbarer chemischer Flammenwerfer und Entlaubungsgeräte

Waffentyp: Chemisch-thermaler Flammenwerfer

Länge: 1828,80 Millimeter

Gewicht: 90,7 Kilogramm (ohne Füllung)

Schaltet der AMP-Führer auf manuellen Betrieb, lässt sich die Konfiguration an die Anforderungen der jeweiligen Operation anpassen. Dieses Gerät wird primär für die Entlaubung des Dschungels eingesetzt, bevor die Planierraupen zum Einsatz kommen. Bislang wurde es vor allem bei AMP-Patrouillen im Umfeld von Hell's Gate verwendet. Bush Boss stellt eine große Bandbreite von nützlichen Gerätschaften für Geländeveränderungen her. Die FD-11 wurde exklusiv für den Einsatz mit dem AMP-Panzeranzug entwickelt. Das kleinere Modell, FD-3, kann auch ohne AMP-Panzeranzug eingesetzt werden.

GAU 90 30-MILLIMETER-KANONE

EINSATZ AUF PANDORA: Wird in Verbindung mit dem AMP-Panzeranzug eingesetzt. Räumung des Gefechtsfelds von dichter Vegetation

HERSTELLER: Hirte & Fahl Arms Manufacturing Ltd.

WAFFENTYP: Automatische Kanone, gasgekühlt

MUNITION: 30-Millimeter HEI-Panzerbrandmunition

LÄNGE: 2194,6 Millimeter

GEWICHT: 100,7 Kilogramm

Die Gau 90 kann konventionell gegen große Lebewesen und Einheimische eingesetzt werden. Meistens wird sie jedoch zur Bereinigung des Gefechtsfelds in dichter Vegetation verwendet. Die Kanone führt hochexplosive Panzerbrandmunition, die sehr nützlich ist, wenn schnell Schneisen durch den

Dschungel von Pandora geschlagen werden müssen. Ferner ist sie mit dem FPCT (einem starren Säge-Schneidegerät) von H&F Arms Manufacturing Ltd. ausgestattet, das es dem AMP-Führer ermöglicht, mit der Unterseite der Gau 90 in dichtem Unterholz oder in besiedeltem Umfeld Räumungen durchzuführen. Das Design des Schneidegeräts (das an ein traditionelles Bajonett erinnert) wurde von dem sehr ähnlichen Schwestermodul AMP-H&FAML-SK übernommen, das bei AMP-Führern sehr populär ist.

Messer für AMP-Panzeranzug

Einsatz auf Pandora: Beseitigung von dichtem Unterholz, das den AMP-Führer behindert

Hersteller: Hirte & Fahl Arms Manufacturing Ltd.

Länge: 1066 Millimeter

Gewicht: 34 Kilogramm

Die Form dieses Geräts wurde vom Hersteller ganz bewusst so entwickelt, dass es einem normalen langen Messer gleicht. Weil sich das Design bei AMP-Führern als sehr populär erwies, ließ man die Produktion der eigentlich praktischeren »eckigen« Messer und »V-Schneider« zugunsten der großen Messerform auslaufen. Ursprünglich nur zum Einklinken an der Unterseite des AMP-Arms vorgesehen, wurde es später so modifiziert, dass auch eine freie Handhabung möglich ist. Das ist z. B. bei Straßenunruhen von Vorteil, bei denen Polizei-AMPs mit feststehenden Klingen nicht eingesetzt werden. Auf Pandora kommt die Keramikklinge primär zum Einsatz, um für den AMP-Panzeranzug Passagen durch den Dschungel zu schlagen.

Wasp-Revolver

Einsatz auf Pandora: Schutz vor Großwild und Einheimischen

Hersteller: Masa-Cirre Ltd.

Bezeichnung: SN-9 Wasp

Waffentyp: Revolver

Munition: 9-Millimeter-Hochgeschwindigkeitsmunition

Schussfolge: 4 Schuss/sek

Feuermodi: Einzelschuss, Zwei-Schuss-Salve

Trommelkapazität: 6 Kammern

Zubehör: Abnehmbares Zielsuch- und -erfassungssystem mit Infrarot- und Bewegungsmelder. Gyroskopisch stabilisiertes Zielsystem für Schussweiten bis 135 Meter

Länge: 228 Millimeter

Gewicht: 1,1 Kilogramm

Diese Waffe wird häufig privat von Soldaten erworben, denen die reguläre Handfeuerwaffenausstattung bei vielen Operationen nicht ausreicht. Die SN-9 Wasp ist so zuverlässig wie ein Revolver und hat ausreichende Durchschlagskraft, um den Feind auszuschalten. Auf Pandora ist die Waffe besonders nützlich, wo viele gefährliche Tiere (und Einheimische) sehr groß sind und nicht immer mit den RDA-Standardwaffen außer Gefecht gesetzt werden können.

Durch die Positionierung der Trommel hinter dem Schwerpunkt wird die Balance der Waffe verbessert.

CARB-Waffensystem

Hersteller: Matanza Arms Corp.

CARB (Cellular Ammunition Rifle Base) ist ein hoch entwickeltes modulares Kleinwaffensystem, das für die Bedürfnisse leichter Infanterie wie auch privater Milizen und Sicherheitskräfte konstruiert wurde. Das System baut auf der CARB-Basiseinheit auf, einem vollautomatischen Sturmgewehr in Bullpup-Bauweise (Verschluss und Magazin liegen hinter dem Griffstück). Eine Vielzahl von Ausrüstungsmodulen kann der Basiseinheit schnell und einfach angefügt werden.

Matanza Arms Corp. entwickelte das System, um ihre Infanterie-waffenproduktion auf ein einziges multifunktionales System zu konzentrieren. Obwohl es von keiner der großen Armeen der Welt als Hauptwaffensystem übernommen wurde, ist es doch bei privaten Auftragsmilizen und diversen Spezialeinheiten weltweit sehr populär. Geschätzt werden vor allem seine Anpassungsfähigkeit, Einfachheit, Zuverlässigkeit und die Munitionskapazität, Faktoren, die dem System schon bald den Respekt dieser Einheiten einbrachte. Das System wurde inzwischen in Aktion auf allen Kontinenten eingesetzt und auch bei zahlreichen außerirdischen Einsätzen.

CARB-Basiseinheit

Einsatz auf Pandora: Sowohl zur Verteidigung des Stützpunkts als auch außerhalb für Begleitschutz und Patrouille; Allzweckwaffe

Hersteller: Matanza Arms Corp

Waffentyp: Automatikgewehr mit Gasdrucklader und Spezialverschluss

Munition: 6,2 × 35

Schussfolge: 600 Schuss/min

Feuermodi: Einzelfeuer, halbautomatisch, vollautomatisch

Magazinkapazität: 80 Schuss in Wegwerf-Plastikmagazin mit integriertem Zähler

Länge: 390 Millimeter

Gewicht: 2,54 Kilogramm ungeladen, 3 Kilogramm geladen

Die Bullpup-Bauweise ermöglicht eine größere relative Lauflänge, daher auch höhere Letalität und Treffsicherheit auf größere Entfernung. Das Basismodell kann modifiziert werden: Möglich sind Laufverlängerung, 20-Millimeter-Granatwerfer, stabilisiertes Tag/Nacht-Zielfernrohr, optischer Zoom. Der Granatwerfer kann auch luftexplodierende Munition aufnehmen.

CARB Shotgun

Einsatz auf Pandora: Feuerkraftverstärkung bei Sicherheitseinsätzen

Hersteller: Matanza Arms Corp.

Waffentyp: Shotgun mit Gasdrucklader (optional: Pump-action mit verlängertem Lauf)

Munition: 20-Millimeter-Granaten

Magazinkapazität: 20 Schuss in Wegwerf-Plastikmagazin mit integriertem Zähler

Besonderheiten: Luftexplodierende Granaten programmierbar, CARB-20-Millimeter-Granatwerfer, verlängerter Lauf, Zielfernrohr

Länge: 810 Millimeter

Gewicht: 5,2 Kilogramm ungeladen, 6 Kilogramm geladen

Zielfernrohr: Omnisight Optics, Leuchtpunktzielgerät, integrierter Laser, Head-up-Display

Sehr gute Mannstoppwirkung bei Verteidigungsmaßnahmen und Sicherheitseinsätzen. Die Waffe kann unterschiedliche 20-Millimeter-Munition aufnehmen, darunter auch luftexplodierende Granaten, sowie Streumunition, Flechette-Munition usw.

GS-221 .30-KALIBER
LEICHTES MASCHINENGEWEHR

EINSATZ AUF PANDORA: Bordwaffe für Samson Tiltrotor, Truppensupport

HERSTELLER: IBSF Protection Solutions

WAFFENTYP: Leichtes Maschinengewehr mit Gasdrucklader; verriegelter Verschluss

MUNITION: 7,62 WHTO (.30-Kaliber), verschiedene Typen (FMJ, Wuchtgeschoss, Leuchtspurgeschoss etc.)

SCHUSSFOLGE: 700 Schuss/min

FEUERMODI: Einzelfeuer, halbautomatisch, vollautomatisch

MAGAZINKAPAZITÄT: Magazin mit 100 Schuss

LÄNGE: 1346 Millimeter

GEWICHT: 11,79 Kilogramm (ohne Magazin)

Das GS-221 wird von IBSF Protection Solutions hergestellt, einem multinationalen Waffen- und Munitionshersteller in Stuttgart, Deutschland. Unter dem Namen Protection Solutions produzierte das Unternehmen früher nur Munition und taktische Ausrüstungen, änderte aber später den Firmennamen, um seine sehr erfolgreiche IBSF-Technologie (Imprint Ballistics Solution on Firing) besser vermarkten zu können.

MBS-9M .50-Kaliber Hydra

Einsatz auf Pandora: Bordwaffe für Kampfhubschrauber

Hersteller: Masa-Cirre Ltd., Modular Belt Systems Divisions

Waffentyp: Schweres Maschinengewehr, auch für Gruppenziele

Konfiguration: Dreiläufige Waffe; Spatengriff; kann fest montiert und mit Fernsteuerung bedient werden

Munition: 50-Millimeter panzerbrechende Uranmunition, Leuchtspurmunition

Schussfolge: 600, 1200 oder 1800 Schuss/min automatisch

Feuermodus: automatisch

Integriertes Sichtgerät: Multifunktionsvisier, thermische Bewegungserfassung, Nachtsicht, A/V-Output für externen Monitor, 80fach optischer Zoom

Magazinkapazität: 80 Schuss in Wegwerf-Plastikmagazin mit integriertem Munitionszähler

Gewicht: 14 Kilogramm (ohne Magazin)

Länge: 1473 Millimeter

Die MBS-9M wird auf Pandora hauptsächlich als Bordwaffe in Luftfahrzeugen, z. B. Samson Tiltrotor, eingesetzt. Manuelle Konfiguration ist möglich, wobei der Munitionsnachschub durch die eigens entwickelte Modular-Belt-System-Technologie (MBS) direkt vom Samson Tiltrotor erfolgt. Auf diese Weise behält der Teamführer ständig den Überblick über alle Waffensysteme an Bord und kann so die Situation besser und in Echtzeit einschätzen.

Die MBS-9M ist eine manuell von einem Schützen zu bedienende Version des Masa-Cirre-MBS-Automatikwaffen-Systems. Sie ist die kleinste Version des Systems, ist aber im Unterschied zu ihren Schwestertypen auch für den Einsatz bei Bodentruppen ausgelegt. Besonderer Wert wurde darauf gelegt, die Waffe für unterschiedliche Einsätze anpassbar und konfigurierbar zu machen. Sie kann wie ein Gewehr oder ein leichtes Maschinengewehr benutzt werden, lässt sich aber bei Bedarf auch auf Fahrzeugen und in Flugzeugen montieren. Es handelt sich um ein modulares Waffensystem, das heißt, es sind zusätzliche Komponenten für unterschiedliche Einsätze erhältlich.

MASSSTAB: PANDORANISCHE LEBEWESEN IM VERGLEICH ZU RDA-AUSRÜSTUNG.

DOKUMENTE

DIE REKRUTIERUNGS-HOLOPOSTS DER RDA VERBREITEN MÄRCHEN. IN WIRKLICHKEIT SIND DIE ARBEITSBEDINGUNGEN DER BERGLEUTE AUF PANDORA ENTSETZLICH UND GEFÄHRLICH. BERGARBEITER, DIE ÜBERHAUPT NOCH DAS GLÜCK HABEN, AUF DIE ERDE ZURÜCKZUKEHREN, LEIDEN GEWÖHNLICH LANGFRISTIG UNTER GESUNDHEITSPROBLEMEN, DARUNTER LEUKÄMIE UND KNOCHENKREBS, VERFRÜHT AUFTRETENDE ALZHEIMER-ERKRANKUNG UND KLINISCHE DEPRESSION. DIE MEISTEN ENTFREMDEN SICH VON IHREN FAMILIEN UND FREUNDEN UND ENDEN ALS WEITGEHEND NUTZLOSE MITGLIEDER DER GESELLSCHAFT. DIE GROSSEN ABFINDUNGEN WERDEN GEWÖHNLICH VON DEN HOHEN BEHANDLUNGSKOSTEN AUFGEFRESSEN.

DIE FOLGENDEN RDA-BERICHTE ÜBER DIE EINSÄTZE AUF PANDORA WURDEN IM VERGANGENEN JAHR ABGEFANGEN.

ESM 01 STATUSBERICHT
(NUR FÜR INTERNEN GEBRAUCH)

Die Bergbau-Einsätze in ESM 01 (dem größten Bergwerk auf Pandora) schreiten plangemäß voran, obwohl die Ausfallziffern höher sind als erwartet: Viele Bergleute klagen über Störungen ihrer taktilen Wahr-nehmung sowie des Seh- und Hörvermögens, die wahrscheinlich dem starken Magnetfeld zuzuschreiben sind. Manche berichten auch über Zwangsvorstellungen, Herzrhythmusprobleme, Lähmungserscheinungen, Schwindel und Übelkeit.

Der Unobtanium-Abbau erfolgt mit standardgemäßen nichtmagnetischen, elektrisch angetriebenen Gerätschaften aus Berylliumkupfer und Hartmetall.

Beim Abbau werden durch Sprengungen oberhalb der Abbaustelle die Deckschichten gelockert; der Abraum erfolgt durch Bulldozer und Bagger. Die freigelegten Erze werden vorsichtig von Bergarbeitern und Baggern abgebaut. Noch bevor das Erz zu schweben beginnt, wird es mit speziellen Löffelbaggern in geschlossene Trucks verladen.

Das Bergwerk und der gesamte Raffineriekomplex wurden bislang von pandoranischen Lebensformen wenig behelligt. Der Komplex wird mit automatischen, auf Geschütztürmen positionierten Kanonen bewacht, die mit Angreifern zu Boden und aus der Luft leicht fertig werden. Die unmittelbare Umgebung des Komplexes wird regelmäßig besprüht, um das Nachwachsen der Dschungelvegetation zu verhindern.

Die Fahrerkabinen aller mobilen Gerätschaften sind luftdicht isoliert und mit Luftfiltern ausgerüstet. Die Besatzungen sind angewiesen, sich nicht mehr als 20 Minuten täglich außerhalb ihrer Kabinen aufzuhalten. Sie werden ferner routinemäßig dekontaminiert, bevor sie nach Hell's Gate zurückkehren dürfen.

Das Abbaugelände ist in stufenförmigen Terrassen angelegt, um die Zufahrt der Trucks zu erleichtern. Form und Größe der bisher bekannten Lagerstätten in ESM 01 sind so beschaffen, dass die drei Tagebaugruben im Laufe der voraussichtlich 30jährigen Abbauperiode allmählich zu einer einzigen Abbaugrube zusammenwachsen, sodass ein Krater von ungefähr vier Kilometern Durchmesser zurückbleiben wird.

RESOURCES DEVELOPMENT ADMINISTRATION

HELL'S GATE

RDA ESC 01
Betreff: Aktueller Stand der Bauarbeiten
Übermittelt von McKinney

Die Bauarbeiten in Hell's Gate nähern sich dem Abschluss. Ein fünf-eckiger Zaun (jede Seite mit einer Länge von 1,89 Kilometern) umschließt eine Fläche von 6,16 Quadratkilometern. Große Türme an jedem Scheitel-punkt, ausgerüstet mit schweren Geschützen, sichern die Anlage gegen An-griffe größerer pandoranischer Lebensformen auf dem Boden und aus der Luft. Vier kleinere Wachtürme stehen im Abstand von je 250 Metern entlang jeder Zaunseite und dienen der Abwehr kleinerer Eindringlinge, auch aus dem Untergrund. Die gesamte Basis ist von einem 30 Meter breiten geräum-ten Kontrollstreifen umgeben, der regelmäßig von automatischen Räumfahr-zeugen patrouilliert wird, um ein Vordringen des Dschungels zu verhindern. Dabei werden in regelmäßigen Abständen säurehaltige Abfallprodukte des Unobtanium-Abbaus als Vegetationshemmer versprüht.

Etwas mehr als ein Drittel der Fläche wird vom Landeplatz des Shuttles und anderer Senkrechtstarter beansprucht; ferner befinden sich dort die Anlagen für Nachschubgeräte. Ein weiteres Drittel wird von Hangars, Waffenlagern und einer kleinen Fabrik eingenommen, die hauptsächlich Ersatzteile für den Berg-baubetrieb und Munition für die Verteidigung der Basis herstellt.

Der Rest des Geländes von Hell's Gate wird von Verwaltungseinrichtun-gen, Baracken für Sicherheitskräfte und operative Truppen, studioähnlichen Apartments für Techniker und Bergarbeiter sowie einem luftdichten Gemein-schaftstrakt für Führungskräfte eingenommen.

Der Nahrungsbedarf des gesamten RDA-Personals wird auch weiterhin durch Proteine und Kohlenhydrate gedeckt und durch natürliche pandoranische Lebensmittel ergänzt. Durch den Einsatz verbesserter Mikrofilter hat die Zahl der Erkrankungen an Amöbenruhr und Mandelentzündung stark abgenommen.

Freizeiteinrichtungen wie Lebensmittelladen und Kantine (allgemein nur als Hell's Kitchen bezeichnet) werden gemeinsam genutzt; lediglich eine nicht druckluftversorgte Sektion zwischen den Forschungslabors und der Lande-zone wird hauptsächlich von den Teilnehmern des Avatar-Programms für ath-letisches Training und Feldsportarten genutzt.

GLOSSAR

ABRAUM. Im Tagebau das Material (Erde, Fels, Schlamm usw.), das die abgebauten Bodenschätze bedeckt.

AMYOTROPHE LATERALSKLEROSE. Fortschreitende degenerative Erkrankung des motorischen Nervensystems. Stephen Hawking, der berühmte Physiker aus dem 21. Jahrhundert, litt an dieser Krankheit. Mehrere Pflanzen auf Pandora enthalten ein Gift, das ähnliche Symptome auslösen kann.

ASTEROIDENEINSCHLAG AUF YUCATAN. Der katastrophale Asteroideneinschlag vor 65 Millionen Jahren soll für ein massenhaftes Artensterben verantwortlich gewesen sein. Er war für die Entstehung des Chicxulub-Kraters auf der mexikanischen Halbinsel verantwortlich. Einige Xenobotaniker glauben, dass damals biologisches Material von der Erde in den Weltraum geschleudert wurde und auf Pandora landete.

BAUM DER SEELEN. Baum in der Nähe des Heimatbaums der Omaticaya. Eine der heiligsten Stätten der Na'vi, die den Baum für die stärkste Manifestation von Eywa auf Pandora halten.

BAUM DER STIMMEN. Weidenähnlicher Baum, der es den Omaticaya erlaubt, sowohl mit ihren Ahnen als auch mit Eywa zu kommunizieren, indem sie sich über ihren Neuronalzopf mit ihm verbinden.

BAUMKRONENDACH. Oberste Schicht des Regenwalds.

BAUMLEBEND. Tiere, die wie der Prolemuris auf Bäumen leben.

BIOM. Region mit einer spezifischen Flora und Fauna wie zum Beispiel die Regenwälder auf Pandora.

BIOREMEDIATION. Einsatz von Pflanzen, Pilzen oder Mikroorganismen zur Umweltsanierung. Viele Pflanzen auf Pandora können Giftstoffe absorbieren, was auch für die Erde von Bedeutung sein könnte.

BIOTA. Flora und Fauna in einer bestimmten Region oder in einem bestimmten Zeitraum: die Biota der schwebenden Berge oder des Jura.

BIOTREIBSTOFFE. Alle Treibstoffe, die aus nachwachsenden, in der Regel pflanzlichen Rohstoffen hergestellt werden.

CHITIN. Sehr hartes organisches Polymer mit langen Molekülketten. Kommt als Zellwandkomponente bei Pilzen, in Exoskeletten und in Schnäbeln vor. Auf Pandora verfügen viele Geschöpfe über natürliche Panzer auf Chitinbasis.

DELTAFLÜGEL. Flugzeugflügel, die wie beim Valkyrie-Shuttle eine dreieckige Form haben.

ELEKTROCYTEN. Zellen, die bei Tieren wie der pandoranischen Medusa Elektrizität und elektrische Signale erzeugen und übertragen. Die Zellen sind auf der einen Seite positiv und auf der anderen negativ geladen.

EPIPHYTEN. Auf anderen Pflanzen wachsende Pflanzen, die nicht parasitär sind. Sie kommen häufig im Baumkronendach des Regenwalds vor.

EYWA. Leitende Macht und Gott-heit Pandoras und der Na'vi. Manche Wissenschaftler glauben, alle lebenden Wesen auf Pandora seien durch ein System neuronaler Fühler mit Eywa verbunden. Ihrer Ansicht nach besteht diese Vernetzung, die auf der Erde häufig als spirituell interpretiert wird, auf Pandora in einer sehr viel materielleren und konkreteren Weise. Die Na'vi glauben, dass Eywa die Ökosysteme auf Pandora in perfektem Gleichgewicht hält.

FERROMAGNETISCH. Material, das auf Magnetfelder reagiert und magnetisiert werden kann. Wegen der starken Magnetfelder auf Pandora muss die Bergbauausrüstung aus teurem nicht-ferromagnetischem Material hergestellt werden.

FLUSSBLINDHEIT (ONCHOZERKIASIS). Chronische Krankheit. Sie wird durch einen Fadenwurm verursacht, der von der Kriebelmücke übertragen wird und bis zu 15 Jahre im menschlichen Körper überleben kann. Hundert Millionen Menschen sind mit diesem Parasiten infiziert.

FRUCHTWASSERBECKEN. Großer röhrenförmiger Tank zur gentechnischen Herstellung von Avataren während des Flugs von der Erde nach Pandora. Ähnliche Vorrichtungen werden auf der Erde für die Züchtung von Organen verwendet.

GREIFSCHWANZ. Schwanz, der wie beim Prolemuris oder den Na'vi als Greiforgan dient.

JUNGSTEINZEIT. Periode der Menschheitsentwicklung, in der sich die Verwendung polierter, geschliffener Waffen durchsetzte. Die Na'vi leben angeblich in einer jungsteinzeitlichen Gesellschaft, aber ihre Kultur ist in vieler Hinsicht sehr viel weiter entwickelt als die damalige menschliche.

KEHLKOPFVERSCHLUSSLAUT. Konsonant, der entsteht, wenn die Stimmbänder angespannt und losgelassen werden, etwa bei: »U-o.« Der Laut wird (meist beim Singen) sowohl von den Na'vi als auch von verschiedenen Völkern auf der Erde benutzt.

KONTINENTALVERSCHIEBUNG. Bewegung der Kontinente in geologischen Zeiträumen, die auf Plattentektonik beruht. Aufgrund verschiedener natürlicher Kräfte hat Pandora eine viel größere Kontinentalverschiebung als die Erde.

LAGRANGE-PUNKTE. Punkte, an denen sich die Schwerkraft zweier größerer Himmelskörper und die Fliehkraft der Umlaufbewegung eines dritten kleineren Flugkörpers neutralisieren.

MAGNETFLUSSRÖHRE. Röhrenförmiges Gebiet im Weltraum mit einem stärkeren Magnetfeld als seine Umgebung. Häufig in der Nähe von Sternen einschließlich unserer Sonne, insbesondere im Gebiet von Sonnenflecken. Unter bestimmten Bedingungen kann sich zwischen Pandora und Polyphemus eine Magnetflussröhre bilden, durch die zwischen den beiden Himmelskörpern eine machtvolle elektrische Strömung mit starken Gewittern entsteht.

MAGNETISCHE FELDLINIEN. Linien eines Magnetfelds, die von einem magnetischen Objekt ausgehen.

MIKROTONAL. Musik, die auf kleineren Intervallen beruht als bei den zwölf Tönen der klassischen westlichen Musik.

NACELLE. Verkleidung für Maschinen, Treibstoffbehälter oder Ausrüstung auf einem Luftfahrzeug.

PANGAEA. Landmasse, die laut geologischen Theorien vor 250 Millionen Jahren existierte und aus der sich später die heute existierenden Erdteile bildeten. Sie wurde von dem Geologen Alfred Wegener, der den Begriff Kontinentalverschiebung prägte, Pangaea genannt.

PERMALLOY. Ursprünglich Nickel-Eisen-Legierung. Heute auch als Bezeichnung für eine ganze Vielfalt extrem robuster Leichtmetalllegierungen gebräuchlich, die zur Abschirmung von Magnetfeldern dienen. Sie werden wegen ihrer Eigenschaften im Luft- und Raumfahrzeugbau verwendet.

PEYOTE-GESANG. Musikalisches Ritual amerikanischer Ureinwohner im Südwesten der USA. Es findet im Zusammenhang mit dem Gebrauch von Peyote statt, einem Kaktus, der psychoaktive Alkaloide enthält. Die Peyote-Rituale gleichen der Uniltaron-Zeremonie der Na'vi auf Pandora.

POLARLICHT. Leuchterscheinung in der oberen Atmosphäre. Verursacht durch die Anregung von Atomen im Zusammenhang mit Magnetfeldern. Wegen der starken Magnetfelder Pandoras ist das Phänomen dort intensiver als auf der Erde.

POLYGYNIE. Eheform, bei der der Mann zwei oder mehr Frauen hat.

POSITIVE RÜCKKOPPELUNG. Selbst-verstärkung einer Kraft, einer Schwingung oder eines Effekts.

PSYCHOAKTIV. Substanz, die auf das Zentralnervensystem wirkt und Stimmung und Verhalten ändert oder Halluzinationen verursacht. Verschiedene Tiere auf Pandora, darunter die Arachnoiden, verwenden psychoaktive Gifte.

QUERRUDER. Bewegliche Klappen an den Tragflächen eines Luftfahrzeugs zur Regulierung der seitlichen Balance, so auch beim Valkyrie-Shuttle.

SCHWEFELWASSERSTOFF. Farbloses, giftiges Gas in der Atmosphäre Pandoras. Eines von mehreren Gasen, die für Menschen die Verwendung einer Atemmaske erforderlich machen.

SITE 26. Kleiner, abgelegener Außenposten mit einer Verbindungskammer in den Halleluja-Bergen.

SKATOLOGIE. Untersuchung des Kots von Tieren, um Informationen über ihre Nahrung, ihr Verbreitungsgebiet und ihren Gesundheitszustand zu gewinnen.

SUPER-PRÄDATOR. Raubtier, das wie der Thanator oder der Große Leonopteryx in seinem Lebens-raum an der Spitze der Nahrungsmittelkette steht und keine natürlichen Feinde hat.

UNGULAT. Huftier; der Begriff bezieht sich auf Säugetierarten wie Zebra, Esel oder Pferd. Mehrere Arten auf Pandora, einschließlich des Hammerkopfs, haben ähnliche

Merkmale wie die Huftiere auf der Erde.

UNILTARON. Zeremonie der Na'vi, bei der ein künftiger Krieger psychoaktive Stoffe verabreicht bekommt. Die danach auftretenden Halluzinationen vermitteln nach Ansicht der Na'vi tie-fere Einsichten – ähnlich wie die Meskalin-Zeremonien der Indianer im Südwesten der USA.

VACUOLE. Zellorganelle in Pflanzen und Pilzen, die einen von einer Membran umschlossenen Raum bildet, der verschiedene Funktionen haben kann, etwa die Einlagerung von Flüssigkeiten oder die Abtrennung giftiger Stoffe.

VERBINDUNGSKAMMER. Anlage zur Übertragung kognitiver Befehle an eine externe biologische Einheit. Wird verwendet, um das Bewusstsein des Avatar-Lenkers auf seinen Avatar zu übertragen.

VTOL. Abkürzung für Vertical Takeoff and Landing (Senkrechtstart). Senkrechtstarter sind Hubschrauber und einige wenige Starrflügler.

VULKANISMUS. Vulkanische Akti-vität in einer Region. Auf Pandora ist der Vulkanismus beträchtlich und hat die Dichte der Atmosphäre erhöht.

WALDGEIST. Kleine schwebende Samenschote des weidenähnlichen »Heiligen Baums«. Für die Na'vi sind die Waldgeister Zeichen Eywas. Sie nennen sie *atokirina*.

XENO- ODER ASTROMUSIKOLOGEN. Musikologen, die die Musik extraterrestrischer Kulturen studieren. Auch dieses Fach war bis zur Entdeckung der Na'vi weitgehend theoretisch. Seither explodierten die Forschungsgelder für das einst eher esoterische Gebiet.

XENOBOTANIK. Studium extraterrestrischen Pflanzenlebens. Bis zur Entdeckung von Pandora war diese Wissenschaft weitgehend theoretisch, heute jedoch leistet sie Pionierarbeit.

XENON. Farb- und geruchloses Gas. Kommt in geringen Mengen in der Erdatmosphäre vor. Wurde im 21. Jahrhundert in Lampen und als Narkosegas eingesetzt. In seiner höheren Konzentration auf Pandora ist es giftig.

ZOOPLANTAE. Lebensformen, die sowohl tierische als auch pflanzliche Eigenschaften aufweisen, so zum Beispiel ein eher tierähnliches als pflanzentypisches Nervensystem.

NA'VI-DEUTSCH-WÖRTERBUCH

NA'VI	DEUTSCH
'aa	die, dass die
äie	Vision
alaksì	bereit
alìm	weit weg, entfernt
Amhul	Name eines Kindes
'ampi	berühren
Änsìt	Name eines Kindes
apxa	groß
atan	Licht
atokirina'	Atokirina, Samen des heiligen Baums
ätxäle	Antrag
atxkxe	Land
au	Trommel (mit Tierhaut bespannt)
aungia	Zeichen, Omen
'aw	eins
'awkx	Klippe
'awpo	einer allein
'awsiteng	zusammen
'awve	erstens
ayfo	sie (Plural)
aylaru	zu den anderen (Verkürzung von aylaheru)
aynga	du
ayoe	wir (ausschließlich)
ayoeng	wir (einschließlich)

'e'al	am schlimmsten
ean	blau
'eko	angreifen
'ekong	Beat, Rhythmus
eltu si	aufpassen
eltu	Gehirn
eltungawng	Glühwurm (wörtlich: Gehirnwurm)
emza'	bestehen (eine Prüfung)
'engeng	Ebene
eo	vor etwas
'eveng	Kind
'evi	Kind (liebevolle Form von eveng)
eyk	führen
eyktan	Führer
Eywa ngahu	auf Wiedersehen, Eywa sei mit dir
Eywa	Eywa
fa	mit
faheu	Geruch
fifya	so, auf diese Art
fikem	dieses (Handlung)
fipo	dieser (Person oder Sache)
fitseng(e)	hier, an diesem Ort
fi'u	dieses (Sache)
fkarut	schälen
fkeu	mächtig
fko	eins
fmawn	Neuigkeit, Nachricht
fmetok	Prüfung
fmi	versuchen
fnu	still (= »sei still!«)
fo	sie
fpak	aufhören
fpe'	senden
fpeio	Herausforderung (zeremoniell)
fpi	für, zum Wohl von
fpom	Wohlbefinden; Frieden
fpxafaw	Medusa (Tier)
frapo	alle
fra'u	alles
ftang	stoppen
fte	sodass, um, damit
fteke	damit nicht
ftia	untersuchen
ftu	von (Richtung)
ftue	einfach
ftxey	wählen, entscheiden

fu	oder
fya'o	Pfad, Weg
fyape	wie
fyawìntxu	Führer
ha	wenn das so ist …
hapxì	Teil
hasey	erledigt, beendet
hawnu	schützen, behüten
hì'i	klein
hiyìk	merkwürdig, sonderbar
hrrap	Gefahr
hu	mit (Begleitung)
hufwe	Wind
hum	verlassen, aufbrechen
'ì'awn	bleiben
i'en	Saiteninstrument
'iheyu	Spirale
Iknimaya	Treppe zum Himmel
ikran	Ikran (Flugtier)
ilä (auch: ìlä)	durch, mittels, folgend
Ìnglìsì	englische Sprache
ioang	Tier
irayo	danke
'it	ein bisschen, eine kleine Menge
'itan	Sohn
'ite	Tochter
kä	gehen
ka	quer durch
kaltxì	hallo
kämakto	ausreiten
kame	sehen (im spirituellen Sinne)
kangay	gültig
karyu	Lehrer
kato	Rhythmus
kawkrr	niemals
kawng	schlecht, böse
kawtu	niemand
ke	nicht
kea	nicht (vor einem Substantiv)
kehe	nein
kelku	Heim
kelku si	leben, wohnen
Kelutral	Heimatbaum
kempe	Was? Wie? Welche Handlung?

kenong	repräsentieren, stehen für
kerusey	tot
ketuwong	Außerirdischer
ke'u	nichts
kewong	außerirdisch
keye'ung	Wahnsinn
kifkey	die materielle Welt
kim	drehen
kin	brauchen
kinä	sieben
kinam	Bein
kinamtil	Knie
king	Faden
ki'ong	eine Art Obst oder Gemüse
kip	unter
kite'e	Dienst
kiyevame	auf Wiedersehen
kllfrivo'	verantwortlich sein
kllkulat	ausgraben
kllkxem	stehen
kllpxìltu	Gebiet, Territorium
kllte	Boden
krr	Zeit
krrnekx	Zeit brauchen
krrpe	wann?
kunsìp	Kampfhubschrauber
kurakx	ausfahren
kxam	Mitte, Mittelpunkt
kxamtseng	Zentrum
kxangangang	bumm!
kxanì	verboten
kxawm	vielleicht
kxener	Frucht oder Gemüse
kxetse	Schwanz
lahe	andere
lam	scheinen, wirken wie
lapo	jemand, etwas anderes
latem	Veränderung
law	klar, sicher
lehrrap	gefährlich
lertu	Kollege
li'u	Wort

lok	sich nähern
lonu	lassen, loslassen
lrrtok	lächeln
lu	sein (bin, ist, sind)
lumpe	warum?
makto	reiten
mawey	ruhig
mefo	die (diese beiden)
menari	Augen (zwei)
meuia	Ehre
meyp	schwach
mì	in
mikyun	Ohr
mìn	drehen
mìso	weg von (Position)
mllte	einverstanden sein
moe	wir beide (ausschließlich)
mokri	Stimme
muiä	sauber, fair, richtig
mune	zwei
munge	nehmen, bringen
mun'i	schneiden
muntxa	vermählt
na	wie
nang	Was? (drückt Überraschung aus)
nantang	Viperwolf
nari	Auge
nari si	Vorsicht! Pass auf!
na'rìng	Wald
Na'vi	Na'vi; das Volk
nawm	groß, edel
ne kllte!	runter! (wörtlich: »auf den Boden!«)
ne	in (Richtung)
ne'ìm	zurück (Richtung)
nekx	brennen, verzehren
neto	weg (Richtung)
neu	wollen
nga	du
ngawng	Wurm
ngay	wahr
ngenga	du (ehrerbietige Form)

ngop	erschaffen, herstellen
niä	packen, anpacken
ni'aw	nur
ni'awtu	allein (als Einzelner)
ni'awve	zuerst
Niayoeg	wie wir
(Aussprache: neiweng)	
niftue	leicht
niftxavang	leidenschaftlich, von ganzem Herzen
nihawng	zu viel, übermäßig
ni'it	kleine Menge, ein bisschen
niltsan	gut
nìmun	wieder
nìn	anschauen
nìngay	wirklich
nìtam	genug
nìtut	kontinuierlich
nìtxan	viel
ni'ul	mehr
nìwin	schnell
nìwotx	alle, komplett
nulkrr	länger (zeitlich)
nume	lernen
oe	ich
oeng	wir beide (du und ich)
ohe	ich (ehrerbietige oder zeremonielle Form)
'ok	Erinnerung
olo'	Clan
olo'eyktan	Clan-Führer
Omatikaya	Omaticaya
omum	wissen
'ong	sich entfalten, blühen
ontu	Nase
pähem	ankommen
pak	bringt Verachtung zum Ausdruck
palulukan	Thanator
pam	Klang
pamtseo	Musik
pänuting	(jemanden etwas) versprechen
pätsì	Abzeichen
pawm	fragen

pe	was für ein (vor einem Substantiv)
pefya	wie
pehem	was? (Handlung)
pehrr	wann?
pelun	warum?
peng	erzählen
peseng	wo?
pesu	wer?
peu	was? (Sache)
pey	warten
pizayu	Ahne, Vorfahr
plltxe	sprechen
po	er, sie
poan	er
poe	sie
pongu	Personengruppe
pxan	wert, würdig
pxasul	frisch, appetitlich
pxay	viele
pxel	wie
pxi	scharf
pxun	Arm
pxuntil	Ellbogen
rä'ä	lass(t) das!
ral	Bedeutung
ralpeng	dolmetschen, übersetzen
Ralu	Name eines Kindes
rawke	Alarmruf
renu	Muster
rey	leben
rikx	sich bewegen, die Position wechseln
rim	gelb
rina'	Same
riti	Stachelfledermaus
rol	singen
ronsem	Geist
rutxe	bitte
san	Sprichwort; Zitat
sa'nok	Mutter
sa'nu	Mamma
sänume	Unterricht, Unterweisung

sempu	Daddy
sempul	Vater
set	jetzt
sevin	schön
seyri	Lippe
seze	blaue Blume
si	tun, machen
sì	und
sìk	Zitat Ende
sìlronsem	klug (Sache)
sìltsan	gut
ska'a	zerstören
skxawng	Idiot
slä	aber
slu	werden
sngä'i	abfangen, beginnen
sngä'ikrr	Anfang, Beginn
snumìna	beschränkt (eine Person)
som	heiß
spe'e	fangen
spe'etu	Gefangener
srak(e)	Kennzeichnung für Ja-Nein-Fragen
srane	ja
sreu	Tanz
srung	Hilfe
steftxaw	untersuchen
stum	fast
sutx	verfolgen, einsperren
swaw	Augenblick
swirä	Geschöpf, Tier
swizaw	Pfeil
swok	heilig
swotu	heiliger Ort
syaw	rufen
ta	von (verschiedene Verwendungen)
ta'em	von oben
täftxu	weben
täftxuyu	Weber
takuk	schlagen
talioang	Sturmbeest
tam	Suffix für »tun«
tangek	Baumstamm
tanhì	Stern
taron	Jagd

taronyu	Jäger
taw	Himmel
tawng	sich ducken
tawng	tauchen
Tawtute	Himmelsmensch
te	im vollständigen Namen gebrauchtes Partikel
telem	Seil
tengfya	wie (= auf die gleiche Art wie)
tengkrr	während
terkup	sterben
teswotìng	gewähren
teya	voll
teylu	Käferlarve(n)
tìfmetok	Prüfung
tìftang	Halten
tìhawnu	Schutz
tìkawng	böse
tìkenong	Beispiel
tìkin	Bedürfnis
til	Verbindung, Gelenk
tìng mikyun	hören
(Aussprache in der Regel: tim mikjun)	
tìng nari	schauen
(Aussprache in der Regel: tin nari)	
tìng	geben
tìngay	Wahrheit
tìran	gehen
tirea	Geist
tireafya'o	Seelenpfad
tireaioang	Seelentier
tìrey	Leben
tìrol	Lied
tìtxur	Stärke, Kraft
to	als (Vergleich)
tok	an einem Ort sein
toktor	Arzt
tokx	Körper
tompa	Regen
toruk	Großer Leonopteryx
trr	Tag
Tsahaylu	Band (neuronale Verbindung)
Tsahìk	Tsahik, Matriarchin
tsakem	das (Handlung)
tsakrr	damals
tsam	Krieg

tsampongu	Kriegspartei
tsamsiyu	Krieger
tsap'alute	Entschuldigung
tsat	das, was (als Objekt)
tsatseng	dort, an diesem Ort
tsatu	diese Person
tsa'u	das (Sache)
tsawke	Sonne
tsawl	groß (von Statur)
tse'a	sehen (im materiellen Sinne)
tseng(e)	Ort
tsengpe	wo
tseo	Kunst
tsìng	vier
tsìvol	zweiunddreißig (oktal: 40)
tsko swizaw	Bogen und Pfeil
tsko	Bogen (Waffe)
tskxe	Stein
tskxekeng	Training, Übung
tslam	verstehen
tsleng	falsch
tslolam	verstanden, ich verstehe
tsmuk, tsmuktu	Geschwister
tsmukan	Bruder
tsmuke	Schwester
tsnì	der, die, das (Relativpronomen)
tspang	töten
tsranten	wichtig sein
tsteu	tapfer
tsun	können, in der Lage sein
tswayon	fliegen
tsyal	Flügel
tukru	Speer
tul	rennen
tung	erlauben
tupe	wer
tute	Mensch
tutean	Mann
tutee	Frau
txan	(mengenmäßig) groß; viel
txantslusam	weise, viel wissend
txe'lan	Herz
txele	Angelegenheit, Sache
txen	wach
txep	Feuer

txey	anhalten, blockieren
txìm	Hintern, Hinterteil
txìng	weggehen, verlassen
txo	wenn, falls
txoa	Vergebung
txokefyaw	wenn nicht, sonst
txon	Nacht
txopu	Angst
txum	Gift
txur	stark
ulte	und
ultxa	Treffen
unil	Traum
Uniltaron	Traumjagd
uniltìrantokx	Avatar; Körper eines Traumwandlers
uniltìranyu	Traumwandler
'upe	was (Sache)
'upxare	Nachricht
Utral Aymokriyä	Baum der Stimmen
utral	Baum
virä	ausbreiten, verbreiten
vofu	sechzehn
vrrtep	Dämon
vul	Ast (eines Baums)
way	Lied
waytelem	Akkord eines Liedes
wìntxu	zeigen
wrrpa	draußen
wutso	Abendessen, Mahlzeit
yerik	Hexapode, Sechsfüßer
ye'rìn	bald
yey	gerade
yìm	binden
yol	lang (zeitlich)
yom	essen
yomting	füttern
yur	waschen
za'ärìp	ziehen
zamunge	bringen
za'u	kommen

zekwä	Finger
zene	müssen
zisit	Jahr
zong	sicher
zongtseng	sicherer Ort, Zuflucht
zoplo	Beleidigung
tsranten	wichtig sein
tsteu	tapfer
tsun	können, in der Lage sein
tswayon	fliegen
tsyal	Flügel
tukru	Speer
tul	rennen
tung	erlauben
tupe	wer
tute	Mensch
tutean	Mann
tutee	Frau
txan	(mengenmäßig) groß; viel
txantslusam	weise, viel wissend
txe'lan	Herz
txele	Angelegenheit, Sache
txen	wach
txep	Feuer
txey	anhalten, blockieren
txìm	Hintern, Hinterteil
txìng	weggehen, verlassen
txo	wenn, falls
txoa	Vergebung
txokefyaw	wenn nicht, sonst
txon	Nacht
txopu	Angst
txum	Gift
txur	stark
ulte	und
ultxa	Treffen
unil	Traum
Uniltaron	Traumjagd
uniltirantokx	Avatar; Körper eines Traumwandlers
uniltiranyu	Traumwandler
'upe	was (Sache)
'upxare	Nachricht
Utral Aymokriyä	Baum der Stimmen
utral	Baum

virä	ausbreiten, verbreiten
vofu	sechzehn
vrrtep	Dämon
vul	Ast (eines Baums)
way	Lied
waytelem	Akkord eines Liedes
wìntxu	zeigen
wrrpa	draußen
wutso	Abendessen, Mahlzeit
yerik	Hexapode, Sechsfüßer
ye'rìn	bald
yey	gerade
yìm	binden
yol	lang (zeitlich)
yom	essen
yomting	füttern
yur	waschen
za'ärìp	ziehen
zamunge	bringen
za'u	kommen
zekwä	Finger
zene	müssen
zisit	Jahr
zong	sicher
zongtseng	sicherer Ort, Zuflucht
zoplo	Beleidigung

DANKSAGUNG

Dieses Buch stammt von einer Gruppe von Wissenschaftlern und Schriftstellern, die sich mit ihrem Fachwissen und ihrer Vorstellungskraft der Welt von James Camerons Avatar genähert haben. Ohne die Beiträge folgender Personen wäre dieses Buch nicht möglich gewesen: Stephen Ballantyne, Wanda Bryant, Randall Frakes, Paul Frommer, Jodie Holt, James Tanenbaum und Richard Taylor.

Großer Dank geht auch an den Produzenten von Avatar, Jon Landau, für seine Hilfe und Unterstützung. Und natürlich an James Cameron, der die Welt von Pandora schuf und uns erlaubte, sie zu besuchen.

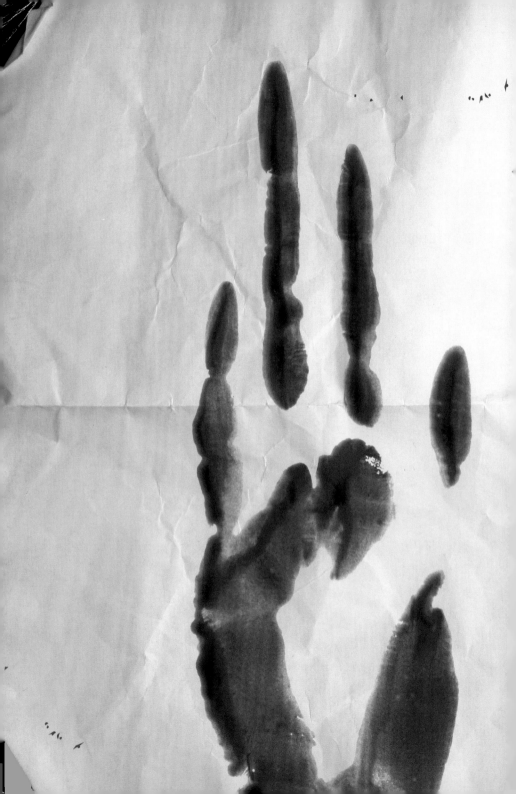